CAIWU GUANLI XITIJI

财务管理习题集

主 编 ○ 石雄飞

西南财经大学出版社
Southwestern University of Finance & Economics Press

图书在版编目(CIP)数据

财务管理习题集/石雄飞主编．—成都:西南财经大学出版社,2017.8
(2022.1 重印)
ISBN 978-7-5504-3211-6

Ⅰ.①财… Ⅱ.①石… Ⅲ.①财务管理—高等学校—习题集
Ⅳ.①F275-44

中国版本图书馆 CIP 数据核字(2017)第 218483 号

财务管理习题集

石雄飞 主编

责任编辑:李晓嵩

封面设计:何东琳设计工作室

责任印制:朱曼丽

出版发行	西南财经大学出版社(四川省成都市光华村街 55 号)
网　　址	http://cbs.swufe.edu.cn
电子邮件	bookcj@swufe.edu.cn
邮政编码	610074
电　　话	028-87353785
照　　排	四川胜翔数码印务设计有限公司
印　　刷	四川五洲彩印有限责任公司
成品尺寸	185mm×260mm
印　　张	10
字　　数	210 千字
版　　次	2017 年 8 月第 1 版
印　　次	2022 年 1 月第 13 次印刷
印　　数	32001— 37000 册
书　　号	ISBN 978-7-5504-3211-6
定　　价	25.00 元

前言

本书是《财务管理》（石雄飞主编）的配套习题集。编著本书的目的是帮助学习者更好地掌握企业财务管理的基本理论、基本方法和基本技能，提高学习效果。本书不仅可以作为会计学、财务管理等财经管理类专业本科、专科教学的辅助教材，而且也可以作为从事经济管理工作人员的参考书。

本书各章内容主要包括名词解释、单项选择题、多项选择题、判断题、计算分析题五大类型的习题，题型较为全面，并配有习题答案。为了便于学习者检验学习的效果，我们编写了三套模拟试卷并附有参考答案。

本书由石雄飞主编。编写分工如下：第一章、第二章、第三章、第四章由石雄飞编写；第五章、第六章、第七章、第八章由李文成编写；第九章、第十章、第十一章由刘永东编写。本书在编写与出版过程中得到西南财经大学出版社领导和各位编辑的大力支持和关心，在此特表示衷心的感谢。

本书在编写过程中广泛参考了国内外有关专家、学者编著的财务管理教材的指导书、习题集等，在此表示衷心的感谢。由于编写时间仓促，编者学识有限，书中难免存在错误和不足之处，敬请读者批评指正。

编　者

2017 年 8 月

目 录

第一部分　习题与模拟试卷

第二部分　参考答案

第一部分
习题与模拟试卷

第一章　总论

一、名词解释

1. 财务管理

2. 财务活动

3. 财务关系

4. 财务预测

5. 财务决策

6. 财务预算

7. 财务控制

8. 理财环境

二、单项选择题

1. 企业在进行财务活动的时候，与各相关利益主体之间发生的利益关系就为（　　）。

A. 经营关系　　B. 统计关系

C. 财务关系　　D. 会计关系

2. 企业与政府的财务关系体现为（　　）。

A. 债权债务关系　　B. 强制和无偿分配关系

C. 投资与受资关系　　D. 资金结算关系

3. 企业不能生存而终止的内在原因是（　　）。

A. 长期亏损　　B. 不能偿还到期债务

C. 决策者决策失误　　D. 开发新产品失败

4. 作为企业财务管理的目标，每股收益最大化较之利润最大化的优点在于（　　）。

A. 考虑了资金时间价值因素
B. 考虑了风险因素
C. 反映了创造利润与投入资本的关系
D. 能够避免企业的短期行为

5. 相对于每股收益最大化目标而言，企业价值最大化目标的不足之处在于（　　）。

A. 不能反映企业当前的获利水平
B. 没有考虑资金时间价值
C. 不能反映企业潜在的获利能力
D. 没有考虑风险因素

6. 一般来讲，金融资产的属性具有如下相互联系、相互制约关系的是（　　）。

A. 流动性强的，收益较差
B. 流动性强的，收益较好
C. 收益大的，风险较小
D. 流动性弱的，风险较小

7. 成本效益原则，就是要对（　　）进行分析比较。

A. 资金成本率与息税前资金利润率
B. 投资额与各期投资收益额
C. 营业成本与营业收益
D. 经济活动中的所费与所得

8. 财务管理的基本环节是指（　　）。

A. 筹资、投资与用资
B. 预测、决策、预算、控制与分析
C. 资产、负债与所有者权益
D. 筹资活动、投资活动、资金营运活动和利润分配活动

9. 从管理当局可控制的因素来看，影响财务管理目标实现的最基本的因素是（　　）。

A. 投资项目、资本结构
B. 投资报酬率和风险
C. 经济环境和金融环境
D. 时间价值和风险价值

10. 财务主管人员最感困难的处境是（　　）。

A. 盈利企业维持现有规模
B. 亏损企业扩大投资规模
C. 盈利企业扩大投资规模
D. 亏损企业维持现有规模

11. 现代财务管理的最优目标是（　　）。

A. 总产值最大化
B. 利润最大化
C. 每股盈余最大化
D. 股东财富最大化

12. 反映财务目标实现程度的是（　　）。

A. 股价的高低
B. 利润额
C. 产品市场占有率
D. 总资产收益率

13. 各种银行、证券公司、保险公司等均可称为（　　）。

A. 金融市场
B. 金融机构
C. 金融工具
D. 金融对象

14. 在下列各项中，不属于企业财务管理的金融环境内容的是（　　）。

A. 金融市场
B. 金融机构
C. 金融工具
D. 企业财务通则

15. 财务管理的主要内容不包括（　　）。

A. 投资决策　　B. 筹资决策

C. 股利决策　　D. 经营决策

16. 企业的资金运动以（　　）完整反映了企业的生产经营过程。

A. 生产形式　　B. 实物形式

C. 价值形式　　D. 流通形式

17. 企业在资金运动过程中与各方面发生的（　　）是企业的财务关系。

A. 货币关系　　B. 往来关系

C. 结算关系　　D. 经济利益关系

18. 企业向国家缴纳税金的财务关系，在性质上属于（　　）关系。

A. 资金结算　　B. 资金融通

C. 资金分配　　D. 资金借贷

19. 在下列各项中，不属于财务管理内容的是（　　）。

A. 筹资活动　　B. 合同管理

C. 投资活动　　D. 收益分配

20. 在下列各项中，属于财务管理方法的是（　　）。

A. 财务预测　　B. 财务决策

C. 财务预算　　D. 以上全部都是

三、多项选择题

1. 下列经济活动中，属于企业财务活动的有（　　）。

A. 资金营运活动　　B. 利润分配活动

C. 筹集资金活动　　D. 投资活动

2. 资金是（　　）。

A. 再生产过程中物资价值的货币表现

B. 企业拥有的经济资源

C. 再生产过程中运动着的价值

D. 再生产过程中的劳动消耗

E. 体现作用于物资中的社会必要劳动量

3. 财务关系是指（　　）。

A. 企业与投资者和受资者之间的财务关系

B. 企业与债权人、债务人、往来客户之间的财务关系

C. 企业与税务机关之间的财务关系

D. 企业内部各单位之间的财务关系

E. 企业与职工之间的财务关系

4. 以利润最大化作为财务管理目标，其缺陷是（　　）。
   A. 没有考虑资金时间价值
   B. 没有考虑风险因素
   C. 只考虑近期因素而没有考虑远期因素
   D. 只考虑自身收益而没有考虑社会效益
   E. 没有考虑投入资本和获利之间的关系
5. 财务管理十分重视股价的高低，其原因是股价（　　）。
   A. 代表投资大众对公司价值的评价
   B. 反映了资本和获利之间的关系
   C. 反映了每股盈余的大小和取得的时间
   D. 受企业风险大小的影响，反映了每股盈余的风险
6. 在下列各项中，属于财务管理方法的是（　　）。
   A. 财务预测　　B. 财务决策
   C. 财务预算　　D. 财务控制
   E. 财务分析
7. 企业理财环境中的宏观经济政策环境主要包括（　　）。
   A. 财政政策　　B. 货币政策
   C. 法律环境　　D. 经济发展与产业政策
8. 在下列各项中，属于企业财务管理的法律环境内容的有（　　）。
   A. 金融市场　　B. 公司法
   C. 金融工具　　D. 税收法规
9. 股价反映了（　　）。
   A. 资本和获利之间的关系　　B. 每股盈余的大小
   C. 每股盈余取得的时间　　D. 每股盈余的风险
10. 税收对企业财务管理的影响主要体现在（　　）等方面。
   A. 影响企业筹资活动　　B. 影响企业经营活动
   C. 影响企业利润分配　　D. 影响企业信用政策

四、判断题

1. 在风险相同时提高投资报酬率能够增加股东财富。（　　）
2. 财产物质的货币表现就是资金。（　　）
3. 企业的资金运动以综合的方式反映企业的经营过程。（　　）
4. 企业的财务活动就是企业再生产过程中的资金运动。（　　）
5. 任何要扩大经营规模的企业，都会遇到相当严重的现金短缺情况。（　　）
6. 利润最大化是现代企业财务管理的最优目标。（　　）

7. 以企业价值最大化作为财务管理目标，有利于社会资源的合理配置。（　　）

8. 财务决策的情报活动、设计活动、抉择活动和审查活动四个阶段是按照顺序完成的。（　　）

9. 风险报酬权衡原则是指风险和报酬之间存在一个对等关系，投资人必须对报酬和风险做出权衡，为追求较高报酬而承担较大的风险，或为减少风险而接受较低的报酬。（　　）

10. 在金融市场上，利息率的最高限额不能超过平均利润率，否则企业将无利可图。（　　）

第二章 财务分析

一、名词解释

1. 财务分析

2. 比较分析法

3. 比率分析法

4. 趋势分析法

5. 因素分析法

6. 杜邦分析法

7. 沃尔比重评分法

二、单项选择题

1. 若流动比率大于1，则下列说法中正确的是（　　）。
   A. 营运资金大于零　　B. 短期偿债能力绝对有保障
   C. 速动比率大于1　　D. 现金比率大于20%

2. 不仅是企业盈利能力指标的核心，同时也是整个财务指标体系的核心的指标是（　　）。
   A. 销售净利率　　B. 销售毛利率
   C. 净资产收益率　　D. 资产净利率

3. 权益乘数表示企业负债程度，权益乘数越小，企业的负债程度（　　）。
   A. 越高　　B. 越低
   C. 不确定　　D. 为零

4. 下列经济业务会使企业的速动比率提高的是（　　）。
   A. 销售库存商品　　B. 收回应收账款
   C. 购买短期债券　　D. 用固定资产对外进行长期投资

5. 下列财务比率中，可以反映企业偿债能力的是（　　）。
   A. 平均收款期　　B. 销售利润率
   C. 市盈率　　D. 已获利息倍数

6. 下列财务比率中综合性最强、最具有代表性的指标是（　　）。
   A. 资产周转率　　B. 净资产收益率
   C. 资产负债率　　D. 资产净利率

7. 流动比率小于1时，赊购原材料若干，将会（ ）。

A. 增大流动比率　B. 降低流动比率

C. 降低营运资金　D. 增大营运资金

8. 在计算速动比率时，要把存货从流动资产中剔除的原因不包括（ ）。

A. 可能存在部分存货已经损坏但尚未处理的情况

B. 部分存货已抵押给债权人

C. 可能存在成本与合理市价相差悬殊的存货估价问题

D. 存货可能采用不同的计价方法

9. ABC公司无优先股，去年每股盈余为4元，每股发放股利2元，保留盈余在过去一年中增加了500万元。年底每股账面价值为30元，负债总额为5 000万元，则该公司的资产负债率为（ ）。

A. 30%　B. 33%

C. 40%　D. 44%

10. 在杜邦财务体系中，假设其他情况相同，下列说法中错误的是（ ）。

A. 权益乘数大则财务风险大　B. 权益乘数大则权益净利率大

C. 权益乘数等于资产权益率的倒数　D. 权益乘数大则资产净利率大

11. 一般认为，流动比率保持在（ ）以上时，资产的流动性较好。

A. 100%　B. 200%

C. 50%　D. 300%

12. 一般认为，速动比率应保持在（ ）以上。

A. 100%　B. 200%

C. 50%　D. 300%

13. 在计算存货周转率时，公式的分子为（ ）。

A. 平均存货成本　B. 期末存货成本

C. 产品销售成本　D. 产品销售收入

14. 净资产收益率=销售净利率×总资产周转率×（ ）。

A. 资产负债率　B. 股东权益比率

C. 权益乘数　D. 市盈率

15. 假设其他条件不变，所得税税率发生变化，下列指标中也会发生变化的是（ ）。

A. 流动比率　B. 应收账款周转率

C. 净资产收益率　D. 流动资产周转率

16. 假设业务发生前速动比率大于1，偿还应付账款若干，将会（ ）。

A. 增大流动比率，不影响速动比率　B. 增大速动比率，不影响流动比率

C. 增大流动比率，也增大速动比率　D. 降低流动比率，也降低速动比率

17. 某企业 2017 年流动资产平均余额为 100 万元，流动资产周转次数为 7 次。若该企业 2017 年净利润为 210 万元，则 2017 年销售净利率为（　　）。

A. 30%　　B. 50%

C. 40%　　D. 15%

18. 在其他因素不变的情况下，应收账款周转天数增加 20 天，存货周转天数减少 10 天，则总资产周转天数将（　　）。

A. 增加 20 天　　B. 增加 10 天

C. 减少 10 天　　D. 不能确定

19. 影响速动比率可信性的最主要因素是（　　）

A. 存货的变现能力　　B. 短期证券的变现能力

C. 产品的变现能力　　D. 应收账款的变现能力

20. 某公司上年度和本年度的流动资产年均占用额分别为 100 万元和 120 万元，流动资产周转率分别为 6 次和 8 次，则本年度销售收入比上年度增加（　　）万元。

A. 180　　B. 360

C. 320　　D. 80

三、多项选择题

1. 反映企业偿债能力的指标有（　　）。

A. 流动资产周转率　　B. 速动比率

C. 流动比率　　D. 产权比率

E. 资产负债率

2. 下列财务指标中，能有效地将资产负债表与利润表联系起来的指标有（　　）。

A. 资产负债率　　B. 存货周转率

C. 销售利润率　　D. 资产周转率

E. 速动比率

3. 下列指标中反映企业偿付长期债务能力的财务比率有（　　）。

A. 销售净利率　　B. 权益乘数

C. 利息保障倍数　　D. 产权比率

4. 在其他条件不变的情况下，会引起总资产周转率指标上升的经济业务是（　　）。

A. 用现金偿还负债　　B. 借入一笔短期借款

C. 用银行存款购入一台设备　　D. 用银行存款偿付购货款

5. 下列各项中，可能直接影响企业净资产收益率指标的措施有（　　）。

A. 提高销售净利率　　B. 提高资产负债率

C. 提高总资产周转率　　D. 提高流动比率

6. 下列经济业务中会影响产权比率的是（　　）。

A. 接受所有者投资　　B. 用银行存款建造固定资产

C. 可转换债券转换为普通股　　D. 偿还银行借款

7. 权益乘数为 4，则（　　）。

A. 产权比率为 5　　B. 资产负债率为 1/4

C. 产权比率为 3　　D. 资产负债率为 75%

8. 如果流动比率小于 1，则下列结论中正确的有（　　）。

A. 速动比率小于 1　　B. 营运资金小于零

C. 现金流动负债比率小于 1　　D. 短期偿债能力绝对有保障

9. 财务状况综合分析方法包括（　　）。

A. 因素分析法　　B. 杜邦分析法

C. 趋势分析法　　D. 沃尔比重评分法

10. 反映企业获利能力的指标主要有（　　）。

A. 营业利润率　　B. 成本费用利润率

C. 净资产利润率　　D. 资产利润率

E. 每股收益

四、判断题

1. 资产负债率是一个反映偿债能力的指标，但站在企业所有者（股东）的立场上，应保持资产负债率的较高水平。（　　）

2. 存货周转率越高，表示存货管理的实绩越好。（　　）

3. 计算已获利息倍数时的利息费用指的是计入财务费用的各项利息。（　　）

4. 现金比率表明用现金立即偿还短期债务的能力，企业应尽量使其大于或等于 1。（　　）

5. 尽管流动比率可以反映企业的短期偿债能力，但有的企业流动比率较高，却没有能力支付到期的应付账款。（　　）

6. 净资产收益率 = 销售净利率 × 总资产周转率。（　　）

7. 在杜邦财务分析体系中，权益乘数既表示负债程度，也与计算权益净利率有关。（　　）

8. 对于一个健康的正在成长的公司来说，经营活动现金净流量应当是正数，投资活动现金净流量也应是正数，筹资活动现金净流量正数、负数相间。（　　）

9. 在资产净利率不变的情况下，资产负债率越高自有资金收益率越低。（　　）

10. 如果企业采用租期较长的经营性租赁方式租入固定资产，则企业实际的偿债能力要比财务报表上显示的偿债能力低。（　　）

五、计算分析题

1. 根据以下资料，计算资产负债表（见表 2-1）和利润表（见表 2-2）的有关数值。

表 2-1　　资产负债表

（2016 年 12 月 31 日）　　单位：元

资产		负债及所有者权益	
流动资产		流动负债	(7)
现金	(1)	非流动负债 (利息率为 6%的 长期应付债券)	(8)
有价证券	5 000	负债合计	(9)
应收账款	(2)	实收资本	40 000
存货	(3)	资本公积	20 000
流动资产合计	(4)	盈余公积	40 000
固定资产（净值）	(5)	未分配利润	20 000
		所有者权益合计	120 000
资产总计	(6)	负债及所有者权益总计	(10)

表 2-2　　利润表

（2016 年）　　单位：元

销售额	(11)
销货成本	(12)
毛利润	86 400
销售费用	(13)
财务费用（公司债利息）	(14)
利润总额	(15)
所得税（50%）	(16)
净利润	(17)

其他资料如下：

（1）产权比率为 1：2。

（2）应收账款平均收账期为 26.67 天，期初应收账款余额为 30 000 元。

（3）以销货成本计算的存货周转率为 3，期初存货余额为 163 000 元。

（4）利息保障倍数为 18。

（5）毛利率为 20%。

（6）速动比率为 2.24。

（7）销售费用占销货额的 10%。

2. 某企业全部流动资产为 176 万元，其中存货为 80 万元，速动比率为 1.2。该企业刚完成下列两项交易：

（1）购入材料 20 万元以备生产，其中 12 万元为赊购。请问交易后流动比率和速动比率各为多少?

（2）接下来该企业又购置了一台设备，价值 25 万元，其中 15 万元以银行存款支付，其余为应付账款。请问交易后流动比率和速动比率各为多少?

3. 已知 ABC 公司 2016 年资产负债有关资料如表 2-3 所示。

表 2-3　ABC 公司资产负债表

2016 年 12 月 11 日　单位：万元

资产	年初	年末	负债及所有者权益	年初	年末
流动资产：			流动负债合计	175	150
货币资金	50	45	长期负债合计	245	200
应收账款	60	90	负债合计	420	350
存货	92	144			
预付账款	23	36			
流动资产合计	225	315	所有者权益合计	280	350
固定资产净值	475	385			
总计	700	700	总计	700	700

该公司 2015 年度营业净利率为 16%，总资产周转率为 0.5 次，权益乘数为 2.5，净资产收益率为 20%；2014 年度营业收入为 420 万元，净利润为 63 万元。要求：

（1）计算 2016 年年末的资产负债率和权益乘数。

（2）计算 2016 年总资产周转率、营业净利率和净资产收益率（均按期末数计算）。

（3）按营业净利率、总资产周转率、权益乘数的次序使用连环替代法进行杜邦财务分析，确定各因素对净资产收益率的影响。

第三章　价值原理

一、名词解释

1. 资金时间价值

2. 终值

3. 现值

4. 单利

5. 复利

6. 年金

二、单项选择题

1. 资金时间价值通常（　　）。

A. 包括风险和物价变动因素

B. 不包括风险和物价变动因素

C. 包括风险因素但不包括物价变动因素

D. 包括物价变动因素但不包括风险因素

2. 下列说法中正确的是（　　）。

A. 计算偿债基金系数，可根据年金现值系数求倒数

B. 普通年金现值系数加 1 等于同期、同利率的预付年金现值系数

C. 在终值一定的情况下，贴现率越低，计算期越少，则复利现值越大

D. 在计算期和现值一定的情况下，贴现率越低，复利终值越大

3. 依照利率之间的变动关系，利率可分为（　　）。

A. 固定利率和浮动利率　　B. 市场利率和法定利率

C. 名义利率和实际利率　　D. 基准利率和套算利率

4. 企业年初借得 50 000 元贷款，10 年期，年利率 12%，每年年末等额偿还。已知年金现值系数（P/A，12%，10）= 5.650 2，则每年年末应付金额为（　　）元。

A. 8 849　　B. 5 000

C. 6 000　　D. 28 251

5. 普通年金终值系数的基础上，期数加 1 和系数减 1 所得的结果，数值上等于（　　）。

A. 普通年金现值系数　　B. 即付年金现值系数

C. 普通年金终值系数　　D. 即付年金终值系数

6. 下列各项年金中，只有现值没有终值的年金是（　　）。

A. 普通年金　　B. 即付年金

C. 永续年金　　D. 递延年金

7. 一定时期内每期期初等额收付的系列款项称为（　　）。

A. 永续年金　　B. 预付年金

C. 普通年金　　D. 递延年金

8. 普通年金终值系数的倒数称为（　　）。

A. 复利终值系数　　B. 偿债基金系数

C. 普通年金现值系数　　D. 投资回收系数

9. 某项存款年利率为6%，每半年复利一次，其实际利率为（　　）。

A. 3%　　B. 6.09%

C. 6%　　D. 6.6%

10. 普通年金（　　）。

A. 又称永续年金　　B. 又称预付年金

C. 每期期末等额支付的年金　　D. 每期期初等额支付的年金

11. 企业有一笔5年后到期的贷款，到期值是20 000元，假设存款年利率为2%，则企业为偿还借款建立的偿债基金为（　　）元。

A. 18 114.30　　B. 3 767.12

C. 3 225.23　　D. 3 843.20

12. 一项600万元的借款，借款期为3年，年利率为8%，若每半年复利一次，年实际利率会高出名义利率（　　）。

A. 4%　　B. 0.24%

C. 0.16%　　D. 0.8%

13. 甲方案在5年中每年年初付款2 000元，乙方案在5年中每年年末付款2 000元，若利率相同，则两者在第5年年末时的终值（　　）。

A. 相等

B. 前者大于后者

C. 前者小于后者

D. 可能会出现上述三种情况中的任何一种

14. 某人现在欲存一笔钱，以便在以后的20年中每年年底得到3 000元。设银行存款利率为5%，则此人目前大约应存入（　　）元。

A. 60 000　　B. 25 542

C. 31 596　　D. 37 387

15. 下列关于风险的论述中正确的是（　　）。

A. 风险越大要求的报酬率越高

B. 风险是无法选择和控制的

C. 随时间的延续，风险将不断加大

D. 有风险就会有损失，两者是相伴而生的

16. 投资风险中，非系统性风险的特征是（　　）。

A. 不能被投资多样化稀释
B. 不能消除而只能回避
C. 通过投资组合可以稀释
D. 对各个投资者的影响程度相同

17. 下列因素引起的风险中，企业可以通过多角化投资予以分散的是（　　）。

A. 市场利率上升
B. 社会经济衰退
C. 技术革新
D. 通货膨胀

18. A 银行向某顾客提供住房抵押贷款，贷款总金额为 90 073.45 元，假如还款期限为 10 年（共 120 期），每月末等额还本付息 1 000 元，则 A 银行收取的月利率是（　　）。

A. 1%
B. 0.8%
C. 0.6%
D. 0.5%

19. 从财务的角度来看，风险主要指（　　）。

A. 生产经营风险
B. 筹资决策带来的风险
C. 不可分散的市场风险
D. 无法达到预期报酬率的可能性

20. 欲建立一项永久性基金，每年提取 5 000 元，当年利率为 8%时，现应存入（　　）元。

A. 67 500
B. 65 500
C. 62 500
D. 69 500

三、多项选择题

1. 资金时间价值计算的四个因素包括（　　）。

A. 资金时间价值额
B. 资金的未来值
C. 资金现值
D. 单位时间价值率
E. 时间期限

2. 下面观点正确的是（　　）。

A. 在通常情况下，资金时间价值是在既没有风险又没有通货膨胀条件下的社会平均利润率
B. 没有经营风险的企业也就没有财务风险；反之，没有财务风险的企业也就没有经营风险
C. 永续年金与其他年金一样，既有现值又有终值
D. 递延年金终值的大小与递延期无关，因此计算方法和普通年金终值完全一样
E. 在利息率和计息期相同的条件下，复利现值系数和复利终值系数互为倒数

3. 年金按照其每期收付款发生的时点不同，可分为（　　）。

A. 普通年金
B. 先付年金

C. 递延年金　　D. 永续年金

E. 特殊年金

4. 计算复利终值需要确定的因素包括（　　）。

A. 利率　　B. 现值

C. 期数　　D. 利息总额

E. 无法确定

5. 下列表述中，正确的有（　　）。

A. 复利终值系数和复利现值系数互为倒数

B. 复利终值系数和资本回收系数互为倒数

C. 普通年金终值系数和偿债基金系数互为倒数

D. 普通年金终值系数和资本回收系数互为倒数

E. 普通年金终值系数和普通年金现值系数互为倒数

6. 下列各项中，可以用来衡量投资项目风险的有（　　）。

A. 报酬率的期望值　　B. 各种可能的报酬率的离散程度

C. 预期报酬率的方差　　D. 预期报酬率的标准离差

E. 预期报酬率的标准离差率

7. 下列选项中属于年金形式的是（　　）。

A. 直线法计提的折旧额　　B. 等额分期付款

C. 优先股股利　　D. 按月发放的养老金

E. 定期支付的保险金

8. 对于货币的时间价值概念的理解，下列表述中正确的有（　　）。

A. 货币时间价值是指货币经历一定时间的投资和再投资所增加的价值

B. 一般情况下，货币的时间价值应按复利方式来计算

C. 货币的时间价值是评价投资方案的基本标准

D. 货币的时间价值是在没有风险和没有通货膨胀条件下的社会平均利润率

9. 下列各项中，属于必要投资报酬的构成内容的有（　　）。

A. 无风险报酬　　B. 通货膨胀补贴

C. 资本成本　　D. 风险报酬

10. 若甲的期望值高于乙的期望值，并且甲的标准离差小于乙的标准离差，下列表述中不正确的有（　　）。

A. 甲的风险小，应选择甲方案

B. 乙的风险小，应选择乙方案

C. 甲的风险与乙的风险相同

D. 难以确定，因期望值不同，需要进一步计算标准离差率

四、判断题

1. 所有的货币都具有时间价值。（　）

2. 当年利率为12%时，每月复利一次，即12%为名义利率，1%为实际利率。（　）

3. 在利息不断资本化的条件下，资金时间价值的计算基础应采用复利。（　）

4. 两个方案比较时，标准差越大，说明风险越大。（　）

5. 在利率和计息期相同的条件下，复利现值系数与复利终值系数互为倒数。（　）

6. 风险与收益是对等的，风险越大，收益的机会越多，期望的收益率就越高。（　）

7. 一项借款的利率为10%，期限为7年，其资本回收系数则为0.21。（　）

8. 6年分期付款购物，每年年初付款500元，设银行存款利率为10%，该项分期付款相当于现在一次现金支付的购价约是2 395元。（　）

9. 即付年金和普通年金的区别在于计息时间与付款方式的不同。（　）

10. 风险报酬率是指投资者因冒风险进行投资而获得的额外报酬率。（　）

五、计算分析题

1. 为给儿子上大学准备资金，王先生连续6年于每年年初存入银行5 000元。若银行存款利率为5%，问王先生在第6年年末能一次取出多少钱？

2. 王先生正在考虑两种不同的储蓄计划。第一个计划是每6个月存入500元，年利率为7%，半年计息一次。第二个计划是每年存入1 000元，年利率为7.5%，每年计息一次。第一个计划的第一笔存款在6个月后存入，而第二个计划的第一笔存款在一年后存入。

（1）第一个计划中，第10年年末的存款终值是多少？

（2）第二个计划中，第10年年末的存款终值是多少？

（3）如果王先生只考虑第10年年末的存款终值，他将选择哪个计划？

（4）如果第二个计划中的年利率变为7%，上述答案有变化吗？

3. 李先生向银行借款50 000元，若月利率为1%，借款分3年按月等额偿还，则每月的偿付额是多少？

4. 某公司拟购置一处房产，房产商提出三种付款方案：

（1）从现在起，每年年初支付20万元，连续支付10次，共200万元。

（2）从第5年开始，每年年末支付25万元，连续支付10次，共250万元。

（3）从第5年开始，每年年初支付24万元，连续支付10次，共240万元。

假设该公司的资本成本率（即最低报酬率）为10%，你认为该公司应选择哪个方案支付房款？

5. 假设你将在第 10 年年末收到 10 000 元，利率是 10%，则在计息期分别为以下情况的现值是多少?

（1）每年计息一次。

（2）每季度计息一次。

（3）永续计息时。

6. 某人欲购买商品房，如若现在一次性支付，需支付 50 万元；如分期付款，年利率 5%，每年年末支付 50 000 元，连续支付 20 年。此人最好采取哪种方式付款?（已知 $n=20$, $i=5\%$时的复利终值系数为 2.653 3，复利现值系数为 0.376 9，年金终值系数为 33.066，年金现值系数为 12.462 2。）

7. 某市政府打算建立一项永久性的科研奖励基金，奖励对科研做出杰出贡献的学者和研究人员。基金计划每年年末发放 1 000 000 元，如果银行存款利率为 8%，那么现在应该存入的基金金额为多少?

8. 某公司拟进行股票投资，计划购买 A、B、C 三种股票，并分别设计了甲、乙两种投资组合。已知三种股票的 β 系数分别为 1.2、1.0 和 0.8，它们在甲种投资组合下的投资比重为 50%、30%和 20%；乙种投资组合的风险收益率为 3.4%。同期市场上所有股票的平均收益率为 12%，无风险收益率为 8%。

要求：

（1）根据A、B、C股票的β系数，分别评价这三种股票相对于市场投资组合而言的投资风险大小。

（2）按照资本资产定价模型计算A股票的必要收益率。

（3）计算甲种投资组合的β系数和风险收益率。

（4）计算乙种投资组合的β系数和必要收益率。

（5）比较甲、乙两种投资组合的β系数，评价其投资风险大小。

9. 宏达集团准备对外投资，投资目标为甲公司、乙公司和丙公司三家公司中的一家，现在这三家公司的预期收益及其概率如表3-1所示。

表3-1　　甲公司、乙公司和丙公司的年预期收益及其概率

市场状况	概率	年预期收益（万元）		
		甲公司	乙公司	丙公司
良好	0.3	40	50	80
一般	0.5	20	20	10
较差	0.2	5	-5	-25

假设你是该集团的稳健型决策者，你会做出什么样的投资决策呢？要求以风险与收益原理为依据进行讨论。

第四章　筹资管理

一、名词解释

1. 企业筹资

2. 筹资方式

3. 筹资渠道

4. 股权筹资

5. 债务筹资

二、单项选择题

1. 下列各种筹资渠道中，属于企业自留资金的是（　　）。

A. 银行信贷资金　　B. 非银行金融机构资金

C. 企业提取的公积金　　D. 融资租赁获得的资金

2. 下列各项资金，可以利用商业信用方式筹措的是（　　）。

A. 国家财政资金　　B. 银行信贷资金

C. 其他企业资金　　D. 企业自留资金

3. 企业筹资的方式不包括（　　）。

A. 吸收直接投资　　B. 发行股票

C. 国家财政资金　　D. 商业信用

4. 某企业需借入资金 60 万元，由于银行要求将贷款数额的 20%作为补偿性余额，因此企业需要向银行申请的贷款数额为（　　）万元。

A. 60　　B. 72

C. 75　　D. 67. 2

5. 某企业按“2/10，N/30”的条件购进一批商品，货款是 30 万元，如果延至第 30 天付款，其放弃折扣的成本为（　　）。

A. 36. 7%　　B. 18. 4%

C. 2%　　D. 14. 7%

6. 在租赁期内一般由出租方提供技术服务并负责维修，这种租赁形式是（　　）。

A. 经营租赁　　B. 直接租赁

C. 转租租赁　　D. 杠杆租赁

7. 由于优先股股东和普通股股东面临的风险和享有的权利不同，在利润分配中，下列选项中错误的是（　　）。

A. 优先股股息先于普通股股息分派　　B. 优先股股息一般是固定的

C. 优先股股息计入企业的经营成本　　D. 普通股股息在税后利润中分派

8. 折价发行债券时，其发行价格与债券面值的关系为（　　）。

A. 价格大于面值　　B. 价格小于面值

C. 价格等于面值　　D. 不一定

9. 以下各项中，不是经营租赁的特点为（　　）。

A. 租期短　　B. 承租企业负责维修

C. 设备所有权归出租人　　D. 出租的是一般设备

10. 企业按年利率 8%向银行借款 100 万元，银行要求保留 20%的补偿性余额，则企业的借款实际利率是（　　）。

A. 20%　　B. 10%
C. 16%　　D. 12%

11. 以下说法中正确的是（　　）。

A. 长期负债的筹资成本比短期负债的筹资成本低
B. 对于投资者而言，购买股票的风险低于购买债券的风险
C. 长期借款按照有无担保，分为信用贷款和商业银行贷款
D. 发行债券的筹资成本低于发行股票的筹资成本

12. 下列各种筹资渠道中，属于企业内部筹资渠道的是（　　）。

A. 银行信贷资金
B. 非银行金融机构资金
C. 企业内部留用资金
D. 职工购买企业债券的投入资金

13. 下列筹资方式中，资金成本最低的是（　　）。

A. 发行股票　　B. 发行债券
C. 长期借款　　D. 留存收益

14. 在企业全部资本中，主权资本与债务资本各占 50%，则企业（　　）。

A. 只存在经营风险　　B. 只存在财务风险
C. 存在经营风险和财务风险　　D. 经营风险和财务风险可以相互抵消

15. 以下各种筹资方式中，（　　）属于商业信用。

A. 票据贴现　　B. 短期融资券
C. 商业汇票　　D. 短期借款

16. 企业从银行借入短期借款，不会导致实际利率高于名义利率的利息支付方式是（　　）。

A. 收款法　　B. 贴现法
C. 加息法　　D. 分期等额偿还本利和的方法

17. 根据我国有关规定，股票不得（　　）。

A. 平价发行　　B. 溢价发行
C. 时价发行　　D. 折价发行

18. 按照《中华人民共和国公司法》的规定，公司累计债券总额不得超过公司净资产总额的（　　）。

A. 30%　　B. 35%
C. 40%　　D. 50%

19. 相对于股票筹资而言，银行借款的缺点是（　　）。

A. 筹资速度慢　　B. 筹资成本高

C. 筹资限制少　　D. 财务风险大

20. 在长期借款合同的保护性条款中，属于一般性条款的是（　　）。

A. 限制资本支出规模　　B. 限制租赁固定资产的规模

C. 贷款专款专用　　D. 限制资产抵押

三、多项选择题

1. 普通股筹资方式的缺点有（　　）。

A. 投资风险大　　B. 财务风险高

C. 资金成本高　　D. 造成公司控制权分散

E. 投资收益低

2. 短期借款往往带有一定的信用条件，其内容有（　　）。

A. 信用额度　　B. 补偿性余额

C. 借款抵押　　D. 周转信用协议

E. 抵押借款

3. 下列各项中，影响融资租赁租金的因素有（　　）。

A. 租金的结算方式　　B. 租赁设备价款

C. 租赁设备用途　　D. 设备残值

E. 租赁手续费和利息

4. 从企业筹资的角度来说，商业信用的形式主要有（　　）。

A. 应付账款　　B. 应收账款

C. 应付票据　　D. 应收票据

E. 预收账款

5. 长期借款筹资方式的优点有（　　）。

A. 投资风险小　　B. 筹资速度快

C. 没有固定的利息负担　　D. 款项使用灵活

E. 资金成本较低

6. 企业租赁资产的形式一般有（　　）。

A. 经营租赁　　B. 直接租赁

C. 融资租赁　　D. 售后回租

E. 转租租赁

7. 影响债券发行价格的因素包括（　　）。

A. 债券面额　　B. 票面利率

C. 市场利率　　D. 债券期限

8. 吸收直接投资的优点包括（　　）。

A. 有利于降低企业资金成本　　B. 有利于加强对企业的控制

C. 有利于壮大企业经营实力　　D. 有利于降低企业财务风险

9. 补偿性余额的约束使借款企业所受的影响包括（　　）。

A. 减少了可用资金　　B. 提高了筹资成本

C. 减少了应付利息　　D. 增加了应付利息

10. 在短期借款的利息计算和偿还方法中，企业实际负担利率高于名义利率的有（　　）。

A. 收款法　　B. 贴现法付息

C. 银行要求补偿性余额　　D. 到期一次偿还贷款

四、判断题

1. 一般认为，补偿性余额使得名义借款额高于实际可使用借款额，从而实际借款利率大丁名义借款利率。（　　）

2. 吸收直接投资有利于企业尽快形成生产能力，扩大企业经营规模，但有加大企业财务风险的缺点。（　　）

3. 优先股具有双重性质，既属于自有资金，又兼有债券性质。（　　）

4. 记名股的转让和继承都要办理过户手续。（　　）

5. 当票面利率大于市场利率时，债券发行时的价格大于债券的面值。（　　）

6. 某企业按“2/10，N/30”的条件购入货物100万元，倘若放弃现金折扣，在第30天付款，则相当于以36.7%的利息率借入98万元，使用期限为20天。（　　）

7. 某公司拟发行5年期债券进行筹资，债券票面金额为每张100元，票面利率为12%，到期一次还本付息，单利计息，当时市场利率为10%，那么该公司债券发行价格应为99.34元。（　　）

8. 由于银行借款的利息是固定的，因此相对而言，这一筹资方式的弹性较小。（　　）

9. 与普通股筹资相比债券筹资的资金成本低，筹资风险高。（　　）

10. 赊销是扩大销售的有力手段之一，企业应尽可能放宽信用条件，增加赊销量。（　　）

五、计算分析题

1. H公司2016年12月31日资料如表4-1所示。

表 4-1　　　　H 公司 2016 年 12 月 31 日资料　　　　单位：元

项目	金额	项目	金额
现金	6 000	应付账款	18 000
应收账款	18 000	应付票据	12 000
存货	28 000	长期借款	20 000
固定资产净值	48 000	实收资本	40 000
		留存收益	10 000
合计	100 000	合计	100 000

H 公司 2016 年销售收入为 160 000 元，生产能力已饱和，销售净利率为 5%，实收资本为普通股 40 000 股，每股 1 元，每股发放股利 0. 15 元；2017 年销售收入预计增长 25%，销售净利率与发放股利不变。

要求：

（1）计算 H 公司 2017 年外界资金需求量。

（2）若外界资金需求量由银行借款取得，银行需要的补偿性余额为 10%，则 H 公司借款额为多少？

2. 企业拟发行面值为 100 元、票面利率为 12%、期限为 3 年的债券。试计算当市场利率分别为 10%、12%时的发行价格。

3. 某企业购入一批设备，对方开出的信用条件是“2/10，N/30”。请问该企业是否应该争取享受这个现金折扣，并说明原因。

4. 某企业向银行借入年利率为10%的借款10万元，银行要求在一年内分12个月等额偿还本息。计算该笔借款的实际利率。

第五章　资本成本与资本结构

一、名词解释

1. 资本成本

2. 加权平均资本成本

3. 成本习性

4. 固定成本

5. 变动成本

6. 经营杠杆

7. 财务杠杆

8. 复合杠杆

9. 资本结构

二、单项选择题

1. 某公司发行总面额为 1 000 万元、票面利率为 12%、偿还期限 5 年、发行费率为 3%、所得税税率为 33%的债券，该债券发行总价为 1 200 万元，则债券资本成本为（　　）。

A. 8.29%　　B. 9.7%

C. 6.91%　　D. 9.97%

2. 在其他条件不变的情况下，公司所得税税率降低会使得公司发行的债券成本（　　）。

A. 上升　　B. 下降

C. 不变　　D. 无法确定

3. 最佳资本结构是指（　　）。

A. 企业价值最大时的资本结构

B. 企业目标资本结构

C. 加权平均的资本成本最高的目标资本结构

D. 加权平均资本成本最低，企业价值最大的资本结构

4. 只要企业存在固定成本，那么经营杠杆系数必（　　）。

A. 恒大于1　　B. 与销售量成反比

C. 与固定成本成反比　　D. 与风险成反比

5. 既具有抵税效应，又能带来杠杆利益的筹资方式是（　　）。

A. 发行债券　　B. 发行优先股

C. 发行普通股　　D. 使用内部留存

6. 某企业资本总额为2 000万元，负债和权益筹资额的比例为2：3，债务利率为12%，当前销售额为1 000万元，息税前利润为200万元，则财务杠杆系数为（　　）。

A. 1.15　　B. 1.24

C. 1.92　　D. 2

7. 某公司发行普通股600万元，预计算第一年股利为14%，以后每年增长2%，筹资费用率为3%。该普通股的资本成本为（　　）。

A. 14.43%　　B. 16.43%

C. 16%　　D. 17%

8. 某期间市场无风险报酬率为10%，平均风险股票必要报酬率为14%，某公司普通股投资风险系数为1.2。该普通股资本成本为（　　）。

A. 14%　　B. 14.8%

C. 12%　　D. 16.8%

9. 资金成本包括用资费用和筹资费用，下列费用不属于筹资费用的是（　　）。

A. 向银行支付的借款手续费　　B. 股票的发行费用

C. 向股东支付的股利　　D. 向证券经纪商支付的佣金

10. 下列筹资方式中，资本成本最低的是（　　）。

A. 发行股票　　B. 发行债券

C. 长期贷款　　D. 保留盈余资本成本

11. 某企业2016年的销售额为1 000万元，变动成本600万元，固定经营成本200万元，预计2017年固定成本不变，则2017年的经营杠杆系数为（　　）。

A. 2　　B. 3

C. 4　　D. 无法计算

12. 企业向银行取得借款 100 万元，年利率为 5%，期限为 3 年。该笔借款每年付息一次，到期还本，所得税税率为 25%，手续费忽略不计，则该借款的资金成本为（　　）。

A. 3.75%　　B. 5%

C. 4.5%　　D. 3%

13. 某公司的财务杠杆系数为 1.4，经营杠杆系数为 1.5，则该公司销售额每增长 1 倍，就会造成每股收益增加（　　）。

A. 1.9 倍　　B. 1.5 倍

C. 2.1 倍　　D. 0.1 倍

14. 一般来讲，以下四种资本成本最低的是（　　）。

A. 长期借款　　B. 普通股

C. 优先股　　D. 债券

15. 当预计的息税前利润大于每股收益无差别点时，（　　）方式更有利。

A. 负债　　B. 权益

C. 负债或权益　　D. 无法确定

16. 某企业希望在筹资计划中确定期望的加权平均资本成本，为此需要计算个别资本占全部资本的比重。此时，最适宜采用的计算基础是（　　）。

A. 目前的账面价值　　B. 目前的市场价值

C. 预计的账面价值　　D. 目标市场价值

17. 下列各项中，通常资本成本最大的是（　　）。

A. 长期借款　　B. 长期债券

C. 优先股　　D. 普通股

18. 不需要考虑发行成本影响的筹资方式是（　　）。

A. 发行债券　　B. 发行普通股

C. 发行优先股　　D. 留存收益

19. 某企业经批准平价发行优先股股票，筹资费率和股息年率分别为 5% 和 9%，所得税税率为 25%，则优先股成本为（　　）。

A. 9.47%　　B. 5.26%

C. 5.71%　　D. 5.49%

20. 某公司普通股 β 值为 1.2，已知市场无风险报酬率为 8%，权益市场的风险溢价为 4%，则该公司普通股的成本为（　　）。

A. 12%　　B. 12.8%

C. 9.6%　　D. 4.8%

三、多项选择题

1. 边际资本成本是（　　）。

A. 资金每增加一个单位而增加的成本

B. 追加筹资时所使用的加权平均成本

C. 保持某资本成本条件下的资本成本

D. 各种筹资范围的综合资本成本

E. 在筹资突破点的资本成本

2. 计算企业财务杠杆系数直接使用的数据包括（　　）。

A. 基期税前利润　　B. 所得税税率

C. 基期息税前利润　　D. 基期税后利润

E. 销售收入

3. 公司债券筹资与普通股筹资相比，（　　）。

A. 普通股筹资的风险相对较低

B. 公司债券筹资的资本成本相对较高

C. 普通股筹资可以利用财务杠杆的作用

D. 公司债券利息可以税前列支，普通股股利必须是税后支付

E. 如果筹资费率相同，两者的资本成本就相同

4. 在个别资本成本计算中必须考虑所得税因素的是（　　）。

A. 债券成本　　B. 银行借款成本

C. 普通股成本　　D. 留存收益成本

E. 主权资本成本

5. 总杠杆系数的作用在于（　　）。

A. 用来估计销售额变动对息税前利润的影响

B. 用来估计销售额变动对每股收益造成的影响

C. 揭示经营杠杆与财务杠杆之间的相互关系

D. 用来估计息税前利润变动对每股收益造成的影响

E. 用来估计销售量对息税前利润造成的影响

6. 加权平均资本成本的权数，可以有以下几种选择（　　）。

A. 票面价值　　B. 账面价值

C. 市场价值　　D. 清算价值

E. 目标价值

7. 关于留存收益的资本成本，正确的说法是（　　）。

A. 它不存在成本问题

B. 其成本是一种机会成本

C. 其成本计算不考虑筹资费用

D. 它相当于股东投资于某种股票所要求的必要收益率

E. 在企业实务中一般不予考虑

8. 企业降低经营风险的途径一般有（　　）。

A. 增加销售量　　B. 增加自有资本

C. 降低变动成本　　D. 增加固定成本比例

E. 提高产品售价

9. 企业在最优资本结构下，（　　）。

A. 边际资本成本最低　　B. 加权平均资本成本最低

C. 企业价值最大　　D. 每股收益最大

E. 限制条件少

10. 下列关于财务杠杆系数的表述，不正确的是（　　）。

A. 财务杠杆系数是由企业资本结构决定的，在其他条件不变的情况下，债务比率越高，财务杠杆系数越大

B. 财务杠杆系数反映财务风险，即财务杠杆系数越大，财务风险也就越大

C. 财务杠杆系数与资本结构无关

D. 财务杠杆系数可以反映息税前利润随每股收益的变动而变动的幅度

E. 财务杠杆系数反映财务风险，即财务杠杆系数越小，财务风险也就越小

四、判断题

1. 每股收益无差别法既考虑了资本结构对每股收益的影响，也考虑了资本结构对风险的影响。（　　）

2. 留存收益是企业利润所形成的，因此留存收益没有资本成本。（　　）

3. 资本结构问题总体来说是负债资金的比例问题，即负债在企业全部资金中所占的比重。（　　）

4. 当销售额大于每股收益无差别点时，企业通过负债筹资比权益筹资更为有利，因为将使企业资金成本降低。（　　）

5. 如果企业负债资金为零，则财务杠杆系数为1。（　　）

6. 资金的成本是指企业为筹措和使用资金而付出的实际费用。（　　）

7. 约束性固定成本是企业为维持一定的业务量所必须负担的最低成本，要想降低约束性固定成本，只能从合理利用生产经营能力入手。（　　）

8. 留存收益的成本计算与普通股的成本计算基本相同，但不用考虑筹资费用。（　　）

9. 财务杠杆利益是指公司利用债务筹资这个财务杠杆给权益资本带来的额外收益。（　　）

10. 资本成本是评价投资项目、比较投资方案和进行投资决策的主要经济标准。（　　）

五、计算分析题

1. 某公司全部资本为 1 000 万元，负债权益资本比例为 40 : 60，负债年利率为 12%，企业所得税税率为 33%，基期息税前利润为 160 万元。试计算财务杠杆系数。

2. 某公司拟筹资 2 500 万元，其中按面值发行债券 1 000 万元，筹资费率为 2%，债券年利率为 10%，所得税税率为 33%；发行优先股 500 万元，股利为 12%，筹资费率为 3%；发行普通股 1 000 万元，筹资费率为 4%，预计第一年股利为 10%，以后每年增长 4%。

要求：计算该方案的综合资本成本。

3. 试计算下列情况下的资本成本：

（1）10 年期债券，面值为 1 000 元，票面利率为 11%，发行成本为发行价格 1 125 元的 5%，企业所得税税率为 25%。

（2）增发普通股，该公司每股净资产的账面价值为 15 元，上一年度现金股利为每股 1.8 元，每股盈利在可预见的未来维持 7% 的增长率，目前该公司普通股的股价为每股 27.5 元，预计股票发行价格与股价一致，发行成本为发行收入的 5%。

（3）优先股面值为 150 元，现金股利为 9%，发行成本为其当前价格 175 元的 12%。

4. 某企业目前拥有资本 1 000 万元，其结构为：负债资本 20%（年利息 20 万元），普通股权益资本 80%（发行普通股 10 万股，每股面值 80 元）。现准备追加筹资 400 万元，有以下两种筹资方案可供选择：

（1）全部发行普通股，增发 5 万股，每股面值 80 元。

（2）全部筹措长期债务，利率为 10%，利息为 40 万元。企业追加筹资后，息税前利润预计为 160 万元，所得税税率为 33%。

要求：计算每股收益无差别点及无差别点的每股收益，并确定企业的筹资方案。

5. 某企业生产 A 产品，单价 50 元，单位变动成本 30 元，固定成本 150 000 元，2015 年销售量为 10 000 件，2016 年销售量为 15 000 件。2017 年目标利润为 180 000 元。

（1）试计算 A 公司产品的经营杠杆系数。

（2）2017 年实现目标利润的销售量变动率是多少？

6. 某公司目前的资金来源包括面值 1 元的普通股 800 万股和平均利率为 10%的 3 000万元债务。该公司现拟投产甲产品，该项目需要投资 4 000 万元，预计投资后每年可增加息税前利润 400 万元。该项目有以下三个筹资方案可供选择：

（1）按 11%的利率发行债券。

（2）按面值发行股利为 12%的优先股。

（3）按 20 元/股的价格增发普通股。

假设该公司目前的息税前利润为 1 600 万元，所得税税率为 40%，证券发行费用忽略不计。根据以上资料，分析该公司应选择哪种筹资方案？为什么？

提示：

（1）计算按不同方案筹资后的每股收益。

（2）计算增发普通股和债券筹资的每股收益无差别点以及增发普通股和优先股的每股收益无差别点。

（3）计算筹资后的财务杠杆系数。

第六章　证券投资管理

一、名词解释

1. 证券投资

2. 股票投资

3. 债券投资

4. 基金投资

5. 期货投资

6. 期权投资

7. 证券组合投资

二、单项选择题

1. 企业对外债券投资，从其产权关系看属于（　　）。

A. 债权投资　　B. 股权投资

C. 证券投资　　D. 直接投资

2. 证券发行人无法按期支付利息或偿还本金的风险称为（　　）。

A. 违约风险　　B. 购买力风险

C. 流动性风险　　D. 期限性风险

3. 下列（　　）证券能够更好地避免购买力风险。

A. 国库券　　B. 普通股票

C. 企业债券　　D. 优先股票

4. 下列各项中会带来非系统性风险的是（　　）。

A. 个别公司工人的罢工　　B. 国家税法的变化

C. 国家财政政策的变化　　D. 影响所有证券的因素

5. 如果有一永续债券，每年度派息 12 元，而市场利率为 10%，则该债券的市场价值为（　　）。

A. 120 元　　B. 191 元

C. 453 元　　D. 480 元

6. 在投资人想出售有价证券以获取现金时，证券不能立即出售的风险称为（　　）。

A. 违约风险　　B. 购买力风险

C. 流动性风险　　D. 期限性风险

7. 某公司准备购买一种预期未来股利固定增长的股票，该股票本年的股利是每股2元，预期的股利增长率为每年10%，则该股票第6年度股利预期为（　　）。

A. 2.93元　　B. 3.22元

C. 3.54元　　D. 3.00元

8. 某投资者持有甲、乙、丙三种股票，三种股票所占资金的比例分别为20%、30%、50%，其β系数分别为1.2、0.8、1.8，则综合β系数为（　　）。

A. 1.8　　B. 3.8

C. 1.38　　D. 1.58

9. 某公司准备购买一种预期未来股利不变的零增长股票，预期该股票的股利为每股2元。该公司要求的最低投资报酬率为10%，目前市场上的实际利率为8%，则该股票的价格在（　　）元以下时，该公司才可以购买。

A. 25　　B. 20

C. 30　　D. 22

10. 某种股票当前的市场价格是40元，每股股利为2元，预期的股利增长率是5%，则其市场决定的预期收益率是（　　）。

A. 5%　　B. 5.5%

C. 12%　　D. 10.25%

11. 某企业计划发售面值为10 000元的3年期债券，票面利率为8%，计复利，到期一次性还本付息，发行时的市场利率为10%，则该债券的发行价格为（　　）。

A. 9 460元　　B. 9 503元

C. 10 000元　　D. 10 566元

12. 假设某基金持有的某三种股票的数量分别为10万股、50万股和100万股，每股的市价分别为30元、20元和10元，银行存款为1 000万元，该基金负债有两项，即对管理人应付报酬为500万元、应付税金为500万元，已售出基金单位为2 000万份。该基金单位净值为（　　）。

A. 4.8元　　B. 1.5元

C. 1.15元　　D. 1.3元

13. 下列因素引起的风险中，投资者可以通过证券投资组合予以消减的是（　　）。

A. 宏观经济状况变化　　B. 世界能源状况变化

C. 发生经济危机　　D. 被投资企业出现经营失误

14. 投资基金证券是由（　　）发行的。

A. 投资人　　B. 托管人

C. 管理人　　D. 发起人

15. 股票投资与债券投资相比（　　）。

A. 风险高　　B. 收益小

C. 价格波动小　　D. 变现能力差

16. 当其他因素不变时，市场利率越高，债券的价值（　　）。

A. 越小　　B. 越大

C. 不变　　D. 无法确定

17. 在股票估值的模型中，假设未来股利不变，其支付过程呈永续年金形式的是（　　）。

A. 零增长股票价值模型　　B. 固定增长股票价值模型

C. 非固定增长股票价值模型　　D. 股票估值的基本模型

18. 假设其他因素不变，当平息债券的票面利率高于折现率时，债券的价值与面值的关系是（　　）。

A. 债券价值大于面值　　B. 债券价值小于面值

C. 债券价值等于面值　　D. 无法确定

19. 甲公司去年向股东分配股利 10 万元，假定未来股利不变，股东要求的必要报酬率为 8%，则股票的价值为（　　）万元。

A. 150　　B. 125

C. 136　　D. 115

20. 债券 A 和债券 B 是两种在同一资本市场上刚发行的按年付息的平息债券。两者的面值和票面利率均相同，只是到期时间不同。假设两种债券的风险相同，并且等风险投资的市场利率低于票面利率，则（　　）。

A. 到期时间长的债券价值低

B. 到期时间长的债券价值高

C. 两种债券的价值相同

D. 两种债券的价值不同，但不能判断其高低

三、多项选择题

1. 债券投资的优点主要有（　　）。

A. 本金安全性高　　B. 收入稳定性强

C. 投资收益较高　　D. 投资选择性大

2. 下列中属于开放式基金的特点的是（　　）。

A. 没有固定期限

B. 没有发行规模限制

C. 不能随时要求赎回

D. 发行价格基本不受供求关系影响

3. 下列说法中正确的有（ ）。

A. 保守型策略的证券组合投资能分散掉全部可分散风险

B. 冒险型策略的证券组合投资中成长型的股票比较多

C. 适中型策略的证券组合投资选择高质量的股票和证券组合

D. 1/3 的投资组合不会获得太高的收益，也不会承担巨大的风险

4. 下列各风险中，属于系统性风险的有（ ）。

A. 违约风险　　B. 利息率风险

C. 购买力风险　　D. 流动性风险

5. 下列各风险中，不能用多元化投资来分散掉风险的有（ ）。

A. 市场风险　　B. 系统性风险

C. 公司特有风险　　D. 市场利率风险

6. 与股票投资相比，债券投资的主要缺点有（ ）。

A. 购买力风险大　　B. 流动性风险大

C. 没有经营管理权　　D. 投资收益不稳定

7. 根据证券投资的对象，可将证券分类为（ ）。

A. 债券投资　　B.组合投资

C. 基金投资　　D. 股票投资

8. 由影响所有公司的因素引起的风险，可称为（ ）。

A. 可分散风险　　B. 非系统性风险

C. 不可分散风险　　D. 系统性风险

9. 股票投资的缺点有（ ）。

A. 购买力风险高　　B. 求偿权居后

C. 价格不稳定　　D. 收入稳定

10. 下列各项中，属于股票估值模型的有（ ）。

A. 非固定增长股票价值模型　　B. 固定增长股票价值模型

C. 零增长股票价值模型　　D. 纯贴现股票价值模型

四、判断题

1. 当票面利率大于市场利率时，债券会溢价发行。（ ）

2. 证券投资的流动性与风险性成正比。（ ）

3. 证券市场中的投资项目，其风险与预期报酬率有的成正比，有的成反比。（ ）

4. 证券组合投资风险的大小等于组合中各个证券风险的加权平均数。（ ）

5. 系统性风险又称不可分散风险，它对不同企业的影响是相同的。（ ）

6. 通货膨胀情况下，债券比股票能更好地避免购买力风险。（ ）

7. 通过证券组合投资可以消除所有风险。 (　　)

8. 就风险而言，从大到小的排列顺序为：金融证券、公司证券、政府证券。

(　　)

9. 一个行业竞争程度越高，投资该行业的证券风险就越大。 (　　)

10. 债券的当前收益率和票面收益率一样，不能全面反映投资者的全面收益。

(　　)

五、计算分析题

1. 甲企业计划利用一笔长期资金购买股票。现有 M 公司股票和 N 公司股票可供选择，甲企业只准备购买一家公司股票。已知 M 公司股票现行市价为每股 9 元，上年每股股利为 0.15 元，预计以后每年以 6%的增长率增长。N 公司股票现行市价为每股 7 元，上年每股股利为 0.60 元，股利分配政策将坚持固定股利政策。甲企业要求的投资必要报酬率为 8%。

要求：

（1）利用股票估价模型，分别计算 M 公司、N 公司股票价值。

（2）代甲企业做出股票购买决策。

2. A 公司拟购买债券作为长期投资（打算持有至到期日），要求的必要收益率为 6%。现有三家公司同时发行均为 5 年期、面值 1 000 元的债券。其中，甲公司债券的票面利率为 8%，每年付息一次，到期还本，债券发行价格为 1 041 元；乙公司债券的票面利率为 8%，单利计息，到期一次还本付息，债券发行价格为 1 050 元；丙公司债券的票面利率为零，债券发行价格为 750 元，到期按面值还本。

要求：

（1）计算 A 公司购入甲公司债券的价值和收益率。

（2）计算 A 公司购入乙公司债券的价值和收益率。

（3）计算 A 公司购入丙公司债券的价值。

（4）根据上述计算结果，评价甲、乙、丙三种公司债券是否具有投资价值，并为A公司做出购买何种债券的决策。

3. 某公司持有A、B、C三种股票构成的证券组合，三种股票所占比重分别为50%、30%和20%，其β系数分别为1.2、1.0、0.8，股票的市场收益率为10%，无风险收益率为8%。

要求：

（1）计算该证券组合的风险报酬率。

（2）计算该证券组合的必要收益率。

第七章　项目投资管理

一、名词解释

1. 项目投资

2. 项目计算期

3. 项目投资额

4. 项目投资现金流量

5. 净现值法

6. 现值指数法

7. 内含报酬率法

二、单项选择题

1. 把投资分为直接投资和间接投资的标准是（ ）。

A. 投资行为的介入程度　　B. 投资的领域

C. 投资的方向　　D. 投资的内容

2. 下列中属于直接投资的是（ ）。

A. 直接从股票交易所购买股票　　B. 购买固定资产

C. 购买公司债券　　D. 购买公债

3. 关于项目投资，下列表达式中不正确的是（ ）。

A. 计算期=建设期+运营期

B. 运营期=试产期+达产期

C. 达产期是指从投产至达到设计预期水平的时期

D. 从投产日到终结点之间的时间间隔称为运营期

4. 计算投资项目现金流量时，下列说法中不正确的是（ ）。

A. 必须考虑现金流量的增量　　B. 尽量利用未来的会计利润数据

C. 不能考虑沉没成本因素　　D. 考虑项目对企业其他部门的影响

5. 某完整工业投资项目的建设期为零，第一年流动资产需用额为 1 000 万元，流动负债可用额为 400 万元，第二年流动资产需用额为 1 200 万元，流动负债可用额为 600 万元，则下列说法中不正确的是（ ）。

A. 第一年的流动资金投资额为 600 万元

B. 第二年的流动资金投资额为 600 万元

C. 第二年的流动资金投资额为 0

D. 第二年的流动资金需用额为 600 万元

6. 经营成本中不包括（　　）。

A. 该年折旧费　　B. 工资及福利费

C. 外购动力费　　D. 修理费

7. 项目投资现金流量表（全部投资现金流量表）中不包括（　　）。

A. 所得税前净现金流量　　B. 累计所得税前净现金流量

C. 借款本金偿还　　D. 所得税后净现金流量

8. 某投资项目终结点那一年的自由现金流量为 32 万元，经营净现金流量为 25 万元，假设不存在维持运营投资，则下列说法不正确的是（　　）。

A. 该年的所得税后净现金流量为 32 万元

B. 该年的回收额为 7 万元

C. 该年的所得税前净现金流量为 32 万元

D. 该年有 32 万元可以作为偿还借款利息、本金、分配利润、对外投资等财务活动的资金来源

9. 计算静态投资回收期时，不涉及（　　）。

A. 建设期资本化利息　　B. 流动资金投资

C. 无形资产投资　　D. 开办费投资

10. 下列各项中，不影响项目投资收益率的是（　　）。

A. 建设期资本化利息　　B. 运营期利息费用

C. 营业收入　　D. 营业成本

11. 某项目建设期为零，全部投资均于建设起点一次投入，投产后的净现金流量每年均为 100 万元，按照内部收益率和项目计算期计算的年金现值系数为 4.2，则该项目的静态投资回收期为（　　）年。

A. 4.2　　B. 2.1

C. 8.4　　D. 无法计算

12. 投资项目的建设起点与终点之间的时间间隔称为（　　）。

A. 项目计算期　　B. 生产经营期

C. 建设期　　D. 试产期

13. 企业投资 20 万元购入一台设备，预计投产后每年获利 4 万元，固定资产年折旧额 2 万元，则投资回收期为（　　）年。

A. 6.7　　B. 10

C. 3.33　　D. 5

14. 净现值与现值指数相比，其缺点是（　　）。

A. 考虑了货币时间价值　　B. 考虑了投资风险价值
C. 不便于投资额相同的方案的比较　　D. 不便于投资额不同的方案的比较

15. 当净现值为零时，则可说明（　　）。
A. 投资方案无收益　　B. 投资方案只能获得平均利润
C. 投资方案只能收回投资　　D. 投资方案亏损，应拒绝接受

16. 下列投资决策评价指标中，其数值越小越好的指标是（　　）。
A. 净现值率　　B. 投资回收期
C. 内含报酬率　　D. 投资利润率

17. 甲企业拟建的生产线项目，预计投产第一年年初的流动资产需用额为 50 万元，流动负债需用额为 25 万元，预计投产第二年年初的流动资产需用额为 65 万元，流动负债需用额为 30 万元，则投产第二年新增的流动资金投资额应为（　　）万元。
A. 25　　B. 35
C. 10　　D. 15

18. 某投资项目年营业收入为 180 万元，年付现成本为 60 万元，年折旧额为 40 万元，所得税税率为 25%，则该项目年经营净现金流量为（　　）万元。
A. 81.8　　B. 100
C. 82.4　　D. 76.4

19. 如果某一投资方案的净现值为正数，则必然存在的结论是（　　）。
A. 投资回收期在一年以内　　B. 净现值率大于 0
C. 总投资收益率高于 100%　　D. 年均现金净流量大于原始投资额

20. 已知某投资项目的原始投资额为 350 万元，建设期为 2 年，投产后第 1 年至第 5 年每年现金净流量为 60 万元，第 6 年至第 10 年每年现金净流量为 55 万元，则该项目包括建设期的静态投资回收期为（　　）年。
A. 7.909　　B. 8.909
C. 5.833　　D. 6.833

三、多项选择题

1. 从企业角度看，固定资产投资属于（　　）。
A. 直接投资　　B. 生产性投资
C. 对内投资　　D. 周转资本投资

2. 与其他形式的投资相比，项目投资（　　）。
A. 投资内容独特　　B. 投资数额多
C. 投资风险小　　D. 变现能力强

3. 下列表达式中不正确的包括（　　）。
A. 原始投资 = 固定资产投资 + 无形资产投资 + 其他资产投资

B. 初始投资=建设投资

C. 项目总投资=建设投资+建设期资本化利息

D. 项目总投资=建设投资+流动资金投资

4. 单纯固定资产投资的现金流出量包括（　　）。

A. 流动资金投资　　B. 固定资产投资

C. 新增经营成本　　D. 增加的税款

5. 不同类型的投资项目，其现金流量的具体内容存在差异，不过也有共同之处，下列说法正确的有（　　）。

A. 现金流入量中均包括增加的营业收入

B. 现金流出量中均包括增加的经营成本

C. 现金流入量中均包括回收的流动资金

D. 现金流出量中均包括增加的税款

6. 确定项目现金流量时的相关假设包括（　　）。

A. 投资项目的类型假设　　B. 按照直线法计提折旧假设

C. 项目投资假设　　D. 时点指标假设

7. 在项目投资决策中，估算税金及附加时，需要考虑（　　）。

A. 应缴纳的房产税　　B. 应缴纳的增值税

C. 应缴纳的资源税　　D. 应缴纳的城市维护建设税

8. 建设期内年初或年末的净现金流量有可能（　　）。

A. 大于 0　　B. 小于 0

C. 等于 0　　D. 三种情况均有可能

9. 项目投资现金流量表与财务会计的现金流量表相比（　　）。

A. 反映对象不同　　B. 期间特征不同

C. 勾稽关系不同　　D. 信息属性不同

10. 净现值是指在项目计算期内，按设定折现率或基准收益率计算的各年净现金流量现值的代数和。计算项目净现值的方法包括（　　）。

A. 公式法　　B. 列表法

C. 特殊方法　　D. 插入函数法

四、判断题

1. 投资是指企业为了在未来可预见的时期内获得收益或使资金增值，在一定时期向一定领域的标的物投放足够数额的资金或实物等货币等价物的经济行为。（　　）

2. 流动资金投资是指项目投产前后分次或一次投放于流动资产项目的投资额，又称垫支流动资金或营运资金投资。（　　）

3. 原始投资的资金投入方式包括一次投入和分次投入。如果投资行为只涉及一个

年度，则一定属于一次投入。（　）

4. 根据时点指标假设可知，如果原始投资分次投入，则第一次投入一定发生在项目计算期的第一期期初。（　）

5. 归还借款本金和支付利息导致现金流出企业，因此如果项目的资金包括借款，则计算项目的现金流量时，应该扣除还本付息支出。（　）

6. 在项目计算期数轴上，“2”只代表第二年年末。（　）

7. 在计算项目投资的经营成本时，需要考虑融资方案的影响。（　）

8. 维持运营投资是指矿山、油田等行业为维持正常运营而需要在运营期投入的流动资产投资。（　）

9. 净现金流量又称现金净流量，是指在项目运营期内由每年现金流入量与同年现金流出量之间的差额所形成的序列指标。其计算公式为：某年净现金流量=该年现金流入量-该年现金流出量。（　）

10. 全部投资的现金流量表与项目资本金现金流量表的流入项目没有区别，但是流出项目不同。（　）

五、计算分析题

1. 某企业拟进行一项固定资产投资（均在建设期内投入），该项目的现金流量表（部分）如表7-1所示。

表7-1　　现金流量表（部分）　　单位：万元

项目	建设期		运营期			
	0	1	2	3	4	5
净现金流量	-800	-200	100	600	B	1 000
累计净现金流量	-800	-1 000	-900	A	100	1 100
折现净现金流量	-800	-180	C	437.4	262.44	590.49

要求：

（1）计算表中用英文字母表示的项目的数值。

（2）计算或确定下列指标：

①静态投资回收期。

②净现值。

③原始投资及原始投资现值。

④净现值率。

⑤获利指数。

（3）评价该项目的财务可行性。

2. 某企业准备投资一个单纯固定资产投资项目，采用直线法计提折旧，固定资产投资均在建设期内投入。所在的行业基准折现率（资金成本率）为10%，企业适用的所得税税率为25%。有关资料如表7-2所示：

表7-2 企业息税前利润与税后净现金流量 单位：元

项目计算期	息税前利润	税后净现金流量
0		-100 000
1		0
2	20 000	35 000
3	30 000	42 500
4	30 000	42 500
5	30 000	42 500
6	20 000	38 000

要求：计算该项目的下列指标。

（1）初始投资额。

（2）年折旧额。

（3）回收的固定资产净残值。

（4）建设期资本化利息。

（5）投资收益率。

3. A 企业在建设起点投入固定资产 450 万元，在建设期末投入无形资产投资 50 万元，投入开办费投资 8 万元，并垫支流动资金 22 万元，建设期为 2 年，建设期资本化利息为 12 万元。预计项目使用寿命为 6 年，固定资产净残值为 12 万元。项目投产后每年预计外购原材料、燃料和动力费为 40 万元，工资及福利费为 5 万元，修理费为 0.8 万元，其他费用为 4.2 万元，每年折旧费为 75 万元，开办费在投产后第一年全部摊销，投产后第 1~5 年每年无形资产摊销额为 10 万元，第 6 年无形资产摊销额为 0；每年预计营业收入（不含增值税）为 190 万元（有 140 万元需要缴纳增值税，税率为 17%），城建税税率为 7%，教育费附加率为 3%。该企业应该缴纳增值税的营业收入还需要缴纳消费税，税率为 10%，不涉及其他税金及附加。A 企业适用的所得税税率为 20%。

要求：

（1）判断该企业属于哪种类型的投资项目，并计算初始投资额。

（2）计算每年的经营成本。

（3）计算每年的应纳增值税、消费税。

（4）计算每年的税金及附加。

（5）计算投产后各年的不包括财务费用的总成本费用。

（6）计算投产后各年的息税前利润。

（7）计算各年所得税后的现金净流量。

4. 甲企业打算在2012年末购置一套不需要安装的新设备，以替换一套尚可使用5年、折余价值为40 000元、变价净收入为10 000元的旧设备。取得新设备的投资额为165 000元。到2017年末，新设备的预计净残值超过继续使用旧设备的预计净残值5 000元。使用新设备可使企业在5年内，第1年增加息税前利润14 000元，第2~4年每年增加息前税后利润18 000元，第5年增加息前税后利润13 000元。新旧设备均采用直线法计提折旧。假设全部资金来源均为自有资金，适用的企业所得税税率为25%，折旧方法和预计净残值的估计均与税法的规定相同，投资人要求的最低报酬率为10%。

要求：

（1）计算更新设备比继续使用旧设备增加的投资额。

（2）计算运营期因更新设备而每年增加的折旧。

（3）计算因旧设备提前报废发生的处理固定资产净损失。

（4）计算运营期第1年因旧设备提前报废发生净损失而抵减的所得税额。

（5）计算建设期起点的差量净现金流量$\triangle NCF_0$。

（6）计算运营期第1年的差量净现金流量$\triangle NCF_1$。

（7）计算运营期第2~4年每年的差量净现金流量$\triangle NCF_{2\sim4}$。

（8）计算运营期第5年的差量净现金流量$\triangle NCF_5$。

（9）计算差额投资内部收益率，并决定是否应该替换旧设备。

5. 甲公司为一投资项目拟订了甲、乙两个方案，请做出合理的投资决策。相关资料如下：

（1）甲方案原始投资额在建设期起点一次性投入，项目计算期为 6 年，用插入函数法求出的净现值为 18 万元。

（2）乙方案原始投资额为 100 万元，在建设期起点一次性投入，项目计算期为 4 年，建设期为 1 年，运营期每年的净现金流量均为 50 万元。

（3）该项目的折现率为 10%。

要求：

（1）计算甲方案真实的净现值。

（2）计算乙方案的净现值。

（3）用年等额净回收额法做出投资决策。

（4）用方案重复法做出投资决策。

（5）用最短计算期法做出投资决策。

第八章　营运资金管理

一、名词解释

1. 营运资金

2. 最佳现金持有量

3. 信用标准

4. 信用条件

5. 信用期间

6. 应收账款保理

7. 经济订货批量

8. 存货 ABC 控制法

二、单项选择题

1. 属于存货的进货费用的是（　　）。

A. 采购人员的办公费、差旅费　　B. 存货的买价

C. 存货占用资金的应计利息　　D. 材料中断造成的停工损失

2. 应收账款的成本中不包括（　　）。

A. 管理成本　　B. 机会成本

C. 转换成本　　D. 坏账成本

3. 下列各项中，（　　）与现金持有量呈反向变动关系。

A. 机会成本　　B. 短缺成本

C. 管理费用　　D. 储存成本

4. 某企业预测的年赊销额为 900 万元，应收账款平均收账期为 45 天，变动成本率为 70%，资金成本率为 10%，则应收账款的机会成本为（　　）万元。

A. 7.88　　B. 8.2

C. 7.21　　D. 9.42

5. 某企业若采用银行集中法增设收款中心，可使企业应收账款平均余额由现在的400万元减至200万元。企业综合资金成本率为12%，因增设收款中心每年将增加相关费用12万元，则该企业分散收账收益净额为（　　）万元。

A. 4　　B. 8

C. 12　　D. 24

6. 大华公司2016年应收账款总额为2 000万元，当年必要现金支付总额为1 000万元，应收账款收现以外的其他稳定可靠的现金流入总额为800万元。大华公司2016年应收账款收现保证率为（　　）。

A. 50%　　B. 10%

C. 20%　　D. 15%

7. 信用条件为“1/20，N/50”时，预计有30%的客户选择现金折扣优惠，则平均收账期为（　　）天。

A. 20　　B. 50

C. 37　　D. 41

8.（　　）就是在增加的收账费用与减少的坏账损失、减少的机会成本之间进行权衡。

A. 确定信用标准　　B. 选择信用条件

C. 制定收账政策　　D. 5C评估法

9. 信用标准通常用（　　）来表示。

A. 信用期限　　B. 预期的坏账损失率

C. 折扣期限　　D. 现金折扣率

10. 下列公式中错误的是（　　）。

A. 应收账款机会成本=应收账款平均余额×资金成本率

B. 维持赊销业务所需要资金=应收账款平均余额×变动成本率

C. 应收账款平均余额=年赊销额/360×平均收账天数

D. 应收账款平均余额=平均每日赊销额×平均收账天数

11. 下列说法中错误的是（　　）。

A. 现金浮游量是指企业账户上现金余额与银行账户上所示的存款余额之间的差额

B. 邮政信箱法免除了公司办理收账、货款存入银行等手续，因此缩短了票据邮寄时间和在企业的停留时间。

C. 采用汇票付款是现金支出管理的方法之一

D. 合理利用“浮游量”属于现金回收管理的一种方法

12. 下列各项中正确的是（　　）。

A. 成本分析模式中机会成本和固定性转换成本之和最低的现金持有量就是最佳现金持有量

B. 存货模式中机会成本和短缺成本之和最低的现金持有量就是最佳现金持有量

C. 成本分析模式和存货模式中都需要考虑机会成本

D. 存货模式中机会成本和变动性转换成本之和最低的现金持有量就是最佳现金持有量

13. 确定为预防动机而持有的现金余额时不需要考虑的因素是（　　）。

A. 企业愿意承担风险的程度　　B. 企业临时举债能力的强弱

C. 企业对现金流量预测的可靠程度　　D. 企业销售水平

14. 实行数量折扣的经济进货批量模式不需要考虑的成本因素是（　　）。

A. 变动进货费用　　B. 进价成本

C. 变动储存成本　　D. 缺货成本

15. 某企业现金收支状况比较稳定，预计全年需要现金 600 000 元，每次转换成本为 600 元，有价证券利息率为 20%，则最佳现金管理相关总成本是（　　）元。

A. 6 000　　B. 12 000

C. 4 000　　D. 8 000

16. 某企业全年耗用甲材料 3 600 吨，每次的订货成本为 30 元，每吨材料年变动储备成本为 15 元，则最佳订货批量为（　　）吨。

A. 30　　B. 150

C. 200　　D. 120

17. 下列项目中属于持有现金的成本的是（　　）。

A. 现金与有价证券之间相互转换的手续费

B. 由于现金短缺造成的损失

C. 现金被盗损失

D. 由于持有现金而丧失的再投资收益

18. 下列中属于应收账款机会成本的是（　　）。

A. 对客户的资信调查费用　　B. 收账费用

C. 坏账损失　　D. 应收账款占用资金的应计利息

19. 在存货模式下，最佳现金持有量是使（　　）之和保持最低的现金持有量。

A. 机会成本与短缺成本

B. 短缺成本与转换成本

C. 现金管理的机会成本与固定性转换成本

D. 现金管理的机会成本与变动性转换成本

20. 控制现金支出的有效措施是（　　）。

A. 运用坐支　　B. 运用透支

C. 加速收款　　D. 运用现金浮游量

三、多项选择题

1. 某企业甲商品采用批进批出方式销售，影响该批商品获利或亏损额的因素是（　　）。

A. 每日变动储存费　　B. 目标利润

C. 保本储存天数　　D. 实际储存天数

2. 存货 ABC 分类管理中存货的分类标准包括（　　）。

A. 单价　　B. 金额

C. 品种　　D. 品种数量

3. 存货的功能包括（　　）。

A. 维持生产的延续性　　B. 避免失去销售机会

C. 降低采购费用　　D. 维持均衡生产，降低生产成本

4. 应收账款日常管理是指企业应采取有力的措施对应收账款进行分析和控制，其措施包括（　　）。

A. 应收账款追踪分析　　B. 应收账款收账政策决策

C. 应收账款账龄分析　　D. 应收账款收现保证率分析

5. 选择信用标准时应考虑的因素包括（　　）。

A. 同行业竞争对手情况　　B. 企业承担违约风险的能力

C. 客户的资信程度　　D. 客户的信用品质

6. 应收账款的管理成本包括（　　）。

A. 资信调查费用

B. 收账费用

C. 应收账款无法收回带来的损失

D. 资金投放在应收账款上而丧失的其他收入

7. 现金管理存货模式的假设前提包括（　　）。

A. 证券的变现具有很大的不确定性，所需的现金可以通过证券变现取得

B. 预算期内现金需要总量可以预测

C. 现金支付过程比较稳定

D. 证券的利率或报酬率已知

8. 流动负债的特点包括（　　）。

A. 速度快　　B. 弹性低

C. 成本低　　D. 风险大

9. 流动资产的特点包括（ ）。

A. 投资回收期短

B. 流动性较强

C. 各种不同形态的流动资产同时存在

D. 流动资产占用资金的数量具有稳定性

10. 为了提高现金使用效率，企业应当（ ）。

A. 加速收款并尽可能推迟付款

B. 尽可能使用支票付款，少用汇票付款

C. 尽可能利用现金浮游量

D. 力争现金流入与现金流出同步

四、判断题

1. 由于持有现金而丧失的再投资收益并不属于持有现金的持有成本。（ ）

2. 信用条件“1/10，N/20”的含义是如果在10天内付款，可享受1%的现金折扣，否则应在20天内按全额付清。（ ）

3. 存货储存期控制中的变动储存费用是指金额与其储存数量成正比例关系的储存费用。（ ）

4. 有数量折扣的存货模式的假设条件中只是在基本模式的基础上放宽了“不存在数量折扣”这一条件。（ ）

5. 信用标准是指企业接受客户信用订单时所提出的付款要求。（ ）

6. 用邮政信箱法和银行业务集中法进行现金回收管理都可以减少支票邮寄时间。（ ）

7. 固定性转换成本总额与现金持有量之间成反比例关系。（ ）

8. 预防动机是指为把握市场投资机会，获得较大收益而持有的现金。（ ）

9. 企业持有的现金总额通常等于各种动机所需现金余额的简单相加。（ ）

10. 营运资金又称营运资本，是指资产减去负债后的余额。（ ）

五、计算分析题

1. 甲企业现金收账状况平稳，预计全年（按360天计算）需要现金10万元，现金与有价证券的转换成本为每次800元，有价证券的年利率为10%。

要求：计算最佳现金持有量、最低现金管理总成本、转换成本和持有机会成本、有价证券交易次数以及有价证券交易间隔期。

2. 某公司测算，若采用银行业务集中法，增设收账中心，可使公司应收账款平均余额由现在的300万元减至250万元，每年增加相关费用8万元。假设该公司综合资金成本率为20%。

要求：计算分散收账收益净额，并判断该公司可否采用银行业务集中法收账。

3. 某公司预测的年度赊销收入为5 000万元，信用条件为“N/30”，变动成本率为60%，资金成本率为10%。该公司为扩大销售，拟订了以下两个备选方案：

（1）将信用条件放宽到“N/45”，预计坏账损失率为3%，收账费用为60万元。

（2）将信用条件改为“2/10，1/30，N/45”，估计约有60%的客户（按赊销额计算）会利用2%的现金折扣，20%的客户会利用1%的现金折扣，坏账损失率为2%，收账费用为55万元。

要求：根据上述资料，为该公司做出决策。

4. 某公司每年需要甲材料 80 000 件，每次订货成本为 160 元，每件材料的年储存成本为 10 元。该种材料的采购价为 10 元/件，一次订货量在 2 000 件以上的可获 3%的折扣；一次订货量在 4 000 件以上可获 5%的折扣。

要求：计算该公司的最佳进货批量。

第九章　收益分配管理

一、名词解释

1. 收益分配管理

2. 股利政策

3. 剩余股利政策

4. 固定股利支付率政策

5. 固定股利或稳定的股利政策

6. 低正常股利加额外股利政策

7. 股权登记日

8. 除息日

9. 股票分割

10. 股票回购

二、单项选择题

1.（　　）之后，股票交易价格会有所下降。

A. 股利宣告日　　B. 除息日

C. 股权登记日　　D. 股利支付日

2. 股票股利的优点不包括（　　）。

A. 可将现金留存公司用于追加投资　　B. 股东乐于接受

C. 扩大股东权益　　D. 传递公司未来经营效益的信号

3.（　　）要求企业在分配收益时必须按一定的比例和基数提取各种公积金。

A. 资本保全约束　　B. 资本积累约束

C. 偿债能力约束　　D. 超额累计利润约束

4. 一般来说，如果一个公司预期未来有较好的投资机会，并且预期投资收益率大于投资者期望收益率时，则有可能采取（　　）的利润分配政策。

A. 宽松　　B. 较紧

C. 不紧　　D. 固定或变动

5. 在企业的净利润与现金流量不够稳定时，采用（　　）对企业和股东都是有利的。

A. 剩余股利政策　　B. 固定股利政策

C. 固定股利支付率政策　　D. 低正常股利加额外股利政策

6.（　　）是领取股利的权利与股票分离的日期。

A. 股利宣告日　　B. 股权登记日

C. 除息日　　D. 股利支付日

7.（　　）主要用于职工住宅等集体福利设施支出。

A. 法定盈余公积金　　B. 任意盈余公积金

C. 法定公益金　　D. 资本公积金

8.（　　）适用于经营比较稳定或正处于成长期、信誉一般的公司。

A. 剩余股利政策　　B. 固定股利政策

C. 固定股利支付率政策　　D. 正常股利加额外股利政策

9.（　　）体现了投资风险与投资收益的对称性。

A. 剩余股利政策　　B. 固定股利政策

C. 固定股利支付率政策　　D. 正常股利加额外股利政策

10.（　　）有利于优化资本结构，降低综合资本成本，实现企业价值的长期最大化。

A. 剩余股利政策　　B. 固定股利政策

C. 固定股利支付率政策　　D. 正常股利加额外股利政策

11. 下列各项中，不属于确定利润分配政策的公司因素内容的是（ ）。

A. 举债能力
B. 偿债能力
C. 未来投资机会
D. 盈余稳定状况

12. 利润分配的基本原则中（ ）是正确处理投资者利益关系的关键。

A. 依法分配原则
B. 兼顾各方面利益原则
C. 分配与积累并重原则
D. 投资与收益对等原则

13. 公司以股票形式发放股利，可能带来的结果是（ ）。

A. 引起公司资产减少
B. 引起公司负债减少
C. 引起股东权益内部结构变化
D. 引起股东权益与负债同时变化

14. 某公司现有发行在外的普通股 1 000 000 股，每股面额 1 元，资本公积 3 000 000元，未分配利润 8 000 000 元，股票市价 20 元；若按 10%的比例发放股票股利并按市价折算未分配利润的变动额，公司资本公积的报表列示将为（ ）元。

A. 1 000 000
B. 2 900 000
C. 4 900 000
D. 3 000 000

15. 造成股利波动较大，给投资者以公司不稳定的感觉，对于稳定股票价格不利的股利分配政策是（ ）。

A. 剩余股利政策
B. 固定股利政策
C. 固定股利比例政策
D. 低正常股利加额外股利政策

16. A 公司于 2016 年度提取了公积金、公益金后的净利润为 100 万元，2017 年计划所需 50 万元的投资，A 公司的目标结构为自有资金 40%，借入资金 60%，A 公司采用剩余股利政策。A 公司于 2016 年可向投资者分红（发放股利）数额为（ ）万元。

A. 20
B. 80
C. 100
D. 30

17. 在影响收益分配政策的法律因素中，目前我国相关法律尚未做出规定的是（ ）。

A. 资本保全约束
B. 资本积累约束
C. 偿债能力约束
D. 超额累计利润约束

18. 当法定公积金达到注册资本的（ ）时，可不再提取。

A. 6%
B. 10%
C. 25%
D. 50%

19. 股利支付与公司盈利能力相脱节的股利分配政策是（ ）。

A. 剩余政策
B. 固定股利政策
C. 固定股利比例政策
D. 正常股利加额外股利政策

20. 主要依靠股利维持生活的股东和养老基金管理人最不赞成的公司股利政策是（ ）。

A. 剩余股利政策
B. 固定股利政策
C. 固定股利比例政策
D. 正常股利加额外股利政策

三、多项选择题

1. 发放股票股利会引起（　　）。
   A. 所有者权益总额发生变化
   B. 所有者权益的结构变化
   C. 每股市价可能下降
   D. 股东的市场价值总额发生变化
2. 企业采用固定股利政策的优点在于（　　）。
   A. 使得投资收益与投资风险相对称
   B. 有利于稳定股价
   C. 有利于投资者安排收入和支出
   D. 有利于增强投资者的信心
3. 剩余股利政策的缺点在于（　　）。
   A. 不利于投资者安排收入与支出
   B. 不利于公司树立良好的形象
   C. 公司财务压力较大
   D. 不利于目标资本结构的保持
4. 下列各项中，属于确定利润分配政策的法律因素的内容的是（　　）。
   A. 控制权考虑
   B. 资本保全约束
   C. 资本积累约束
   D. 超额累积利润约束
5. 下列各项中，属于确定利润分配政策的公司因素的内容的是（　　）。
   A. 规避风险
   B. 盈余稳定状况
   C. 筹资成本
   D. 偿债能力
6. 采用正常股利加额外股利政策的理由是（　　）。
   A. 有利于保持最优资本结构
   B. 使公司具有较大的灵活性
   C. 保持理想的资本结构，使综合成本最低
   D. 使依靠股利度日的股东有比较稳定的收入，从而吸引住这部分股东
7. 主要依靠股利维持生活的股东和养老基金管理人赞成的公司股利政策是（　　）。
   A. 剩余股利策略
   B. 固定股利
   C. 正常股利加额外股利政策
   D. 固定股利比例政策
8. 下列表述正确的是（　　）。
   A. 在除息日前，股利权从属于股票
   B. 在除息日前，持有股票者不享有领取股利的权利
   C. 在除息日前，股利权不从属于股票
   D. 从除息日开始，新购入股票的投资者不能分享最近一期股利
9. 从公司的角度看，制约股利分配的因素有（　　）。
   A. 控制权的稀释
   B. 举债的变化

C. 盈余的变化　　D. 潜在的投资机会

10. 股东在决定公司收益分配政策时，通常考虑的主要因素有（　　）。

A. 筹资成本　　B. 偿债能力约束

C. 防止公司控制权分散　　D. 避税

11. 企业支付现金股利，必须具备的条件有（　　）。

A. 有足够的现金　　B. 有足够的未指明用途的留存收益

C. 有足够的实收资本　　D. 有足够的营业收入

12. 固定股利政策一般适用于（　　）。

A. 收益比较稳定的企业　　B. 正处于成长期的企业

C. 业绩优良的企业　　D. 信誉一般的企业

13. 下列项目中，资本保全约束规定不能用来发放股利的有（　　）。

A. 原始投资　　B. 股本

C. 留存收益　　D. 本期利润

14. 被企业普遍采用，并为广大的投资者所认可的基本政策是（　　）。

A. 剩余股利政策　　B. 固定股利政策

C. 固定股利比例政策　　D. 正常股利加额外股利政策

15. 影响公司股利政策的因素主要有（　　）。

A. 法律因素　　B. 企业因素

C. 股东因素　　D. 其他因素

四、判断题

1. 从除息日开始，新购入股票的投资者不能分享最近一期的股利。（　　）

2. 发放股票股利可传递公司未来经营绩效的信号，增强经营者对公司未来的信心。（　　）

3. 只要企业有足够的未指明用途的留存收益就可以发放现金股利。（　　）

4. 非股份公司利润分配的程序是弥补以前年度亏损、计提法定公积金、计提法定公益金、计提任意公积金、向投资者分配利润。（　　）

5. 计提法定盈余公积金的基数是企业当年实现的净利润。（　　）

6. 固定股利支付率政策使得公司股利的支付具有较大灵活性。（　　）

7. 利润分配有广义和狭义之分，广义的利润分配是指对企业净利润的分配。（　　）

8. 负债资金较多、资金结构不健全的企业在选择筹资渠道时，往往将留用利润作为首选，以降低筹资的外在成本。（　　）

9. 固定股利比例分配政策的主要缺点在于公司股利支付与其盈利能力脱节，当盈利较低时仍要支付较高的股利，容易引起公司资金短缺、财务状况恶化。（　　）

10. 派发股票股利有可能会导致公司资产的流出或负债的增加。（　　）

11. 企业预计将有一投资机会，则选择低股利支付政策较好。（　　）

12. 企业的净利润归投资者所有，这是企业的基本制度，也是企业所有者投资于企业的根本动力所在。（　　）

13. 正确处理投资者利益关系的关键是坚持投资与受益对等原则。（　　）

14. 发放股票股利会引起每股利润的下降，每股市价也有可能下跌，因此每位股东持股票的市场总价值也将下降。（　　）

15. 在收益分配实践中，固定股利政策和正常股利加额外股利政策为最常见的两种股利政策。（　　）

16. 国有企业发生的年度经营亏损，依法用以后年度实现的利润弥补。连续 5 年不足以弥补的，用税后利润弥补，或者经企业董事会或经理办公会审议后，依次用企业盈余公积、资本公积弥补。（　　）

17. 付现金股利只要有足够的现金就可以。（　　）

18. 千方百计筹集支付股利所需现金是股利分配最主要的工作内容。（　　）

19. 处于成长中的公司多采取低股利政策，陷于经营收缩的公司多采取高股利政策。（　　）

20. 某公司目前的普通股为 100 万股（每股面值 1 元，市价 25 元），资本公积为 400 万元，未分配利润为 500 万元。发放 10% 的股票股利后，公司的未分配利润减少 250 万元，股本增加 250 万元。（　　）

五、计算分析题

1. A 公司 2016 年税后净利为 2 000 万元，2017 年的投资计划需要资金 900 万元，A 公司的目标资金结构为自有资金占 80%，借入资金占 20%。A 公司采用剩余股利政策。

要求：

（1）计算 A 公司投资所需自有资金数额。

（2）计算 A 公司投资需从外部筹集的资金数额。

（3）计算 A 公司 2016 年度可供向投资者分配的利润为多少？

2. B 公司 2017 年拟投资 6 000 万元购置一台生产设备以扩大生产能力。B 公司目标资本结构下权益乘数为 1.5。B 公司 2016 年度的税后利润为 4 000 万元，采用固定股利政策，应分配的股利为 500 万元。在目标资本结构下，计算 B 公司 2017 年度为购置该设备需要从外部筹集自有资金的数额。

3. C 公司发放股票股利前的股东权益情况如表 9-1 所示。

表 9-1　　C 公司股东权益情况　　单位：万元

股本（面值 1 元已发行 300 万股）	300
资本公积	500
未分配利润	1 500
股东权益合计	2 300

假定 C 公司宣布发放 10%的股票股利，若当时该股票市价为 9 元，计算发放股票股利后的股东权益各项目的情况。

4. 某公司本年度提取了公积金、公益金的税后利润为 500 000 元，该公司的目标资本结构为权益资本占 50%，负债资本占 50%。假定该公司第二年投资计划所需资金为 800 000 元，该公司当年流通在外的普通股为 100 000 股。若采取剩余股利政策，试确定本年度股东可获得的每股股利。

5. 某公司 2017 年拟投资 1 000 万元购买一台设备以扩大生产能力。该公司目标资本结构为自有资金占 80%，借入资金占 20%。该公司 2016 年度的税后利润为 1 000 万元，一直以来实行固定股利政策，每年分配股利 300 万元。

要求：

（1）如果继续执行固定股利政策，计算 2017 年该公司需从外部筹集自有资金的数额。

（2）如果该公司计划 2016 年实行剩余股利政策，则可向股东分配多少股利?

第十章　财务预算管理

一、名词解释

1. 财务预算

2. 弹性预算

3. 零基预算

4. 滚动预算

5. 财务控制

6. 责任中心

7. 成本中心

8. 利润中心

9. 投资中心

10. 内部转移价格

二、单项选择题

1. 固定预算编制方法的致命缺点是（　　）。
   A. 过于机械呆板　　B. 可比性差
   C. 计算量大　　D. 可能导致保护落后
2. 关于预算的编制方法下列各项中正确的是（　　）。
   A. 零基预算编制方法适用于非营利组织编制预算时采用
   B. 固定预算编制方法适用于产出较难辨认的服务性部门费用预算的编制
   C. 固定预算编制方法适用于业务量水平较为稳定的企业预算的编制
   D. 零基预算编制方法适用于业务量水平较为稳定的企业预算的编制
3. 增量预算方法的假定条件不包括（　　）。
   A. 现有业务活动是企业必需的　　B. 原有的各项开支都是合理的
   C. 增加费用预算是值得的　　D. 所有的预算支出以零为出发点
4. 定期预算的优点是（　　）。
   A. 远期指导性强　　B. 连续性好
   C. 便于考核预算执行结果　　D. 灵活性强
5. 销售预算中“某期经营现金收入”的计算公式正确的是（　　）。
   A. 某期经营现金收入=该期期初应收账款余额+该期含税销售收入-该期期末应收账款余额
   B. 某期经营现金收入=该期含税收入×该期预计现销率
   C. 某期经营现金收入=该期预计销售收入+该期销项税额
   D. 某期经营现金收入=该期期末应收账款余额+该期含税销售收入-该期期初应收账款余额
6. （　　）是只使用实物量计量单位的预算。
   A. 产品成本预算　　B. 生产预算
   C. 管理费用预算　　D. 直接材料预算
7. 下列说法中错误的是（　　）。
   A. 应交税金及附加预算需要根据销售预算、生产预算和材料采购预算编制
   B. 应交税金及附加=销售税金及附加+应交增值税
   C. 销售税金及附加=应交消费税+应交资源税+应交城市维护建设税+应交教育费及附加
   D. 应交增值税可以使用简捷法和常规法计算

8. 某企业编制直接材料预算，预计第四季度期初存量600千克，该季度生产需用量2 400千克，预计期末存量为400千克，材料单价（不含税）为10元，若材料采购货款有60%在本季度内付清，另外40%在下季度付清，增值税税率为17%，则该企业

预计资产负债表年末“应付账款”项目为（　　）元。

A. 8 800　　B. 10 269

C. 10 296　　D. 13 000

9. 某企业编制销售预算，已知上上期的含税销售收入为600万元，上期的含税销售收入为800万元，预计预算期含税销售收入为1 000万元，含税销售收入的20%于当期收现，60%于下期收现，20%于下下期收现，假设不考虑其他因素，则本期期末应收账款的余额为（　　）万元。

A. 760　　B. 860

C. 660　　D. 960

10. 某企业编制应交税金及附加预算，预算期的应交增值税为20万元，应交消费税为10万元，应交资源税为3万元，城建税及教育费附加的征收率分别为7%和3%，预交所得税20万元，计入管理费用的印花税0.1万元，则预计发生的应交税金及附加数额为（　　）万元。

A. 56　　B. 36

C. 36.1　　D. 56.1

11.（　　）编制的主要目标是通过制定最优生产经营决策和存货控制决策来合理地利用或调配企业经营活动所需要的各种资源。

A. 投资决策预算　　B. 经营决策预算

C. 现金预算　　D. 生产预算

12.（　　）就其本质而言属于日常业务预算，但是由于该预算必须根据现金预算中的资金筹措及运用的相关数据来编制，因此将其纳入财务预算范畴。

A. 管理费用预算　　B. 经营决策预算

C. 投资决策预算　　D. 财务费用预算

13. 在成本习性分析基础上，分别按一系列可能达到的预计业务量水平编制的能适应多种情况的预算是指（　　）。

A. 固定预算　　B. 弹性预算

C. 增量预算　　D. 滚动预算

14. 下列各项中，其预算期不与会计年度挂钩的预算方法是（　　）。

A. 弹性预算　　B. 零基预算

C. 滚动预算　　D. 固定预算

15. 下列各项中，不属于日常业务预算内容的有（　　）。

A. 生产预算　　B. 产品成本预算

C. 销售费用预算　　D. 资本支出预算

16. 以下责任中心中，可以作为投资中心的是（　　）。

A. 分公司　　B. 工段

C. 班组　　D. 车间

17. 成本中心当期确定或发生的各项可控成本之和为（　　）。

A. 固定成本　　B. 责任成本

C. 变动成本　　D. 直接成本

18. 协商价格的下限是（　　）。

A. 生产成本　　B. 市场价格

C. 单位变动成本　　D. 单位固定成本

19. 在责任预算的基础上，将实际数与预算数进行比较用来反映与考核各责任中心工作业绩的内部报告是（　　）。

A. 差异分析表　　B. 责任报告

C. 预算执行情况表　　D. 实际情况与预算比较表

20. 在责任会计中，企业办理内部交易结算所采用的价格是（　　）。

A. 重置价格　　B. 单位责任成本

C. 变动成本　　D. 内部转移价格

三、多项选择题

1. 下列各项中属于总预算的是（　　）。

A. 投资决策预算　　B. 销售预算

C. 现金预算　　D. 预计利润表

2. 弹性预算编制方法的优点是（　　）。

A. 预算范围宽　　B. 可比性强

C. 及时性强　　D. 透明度高

3. 弹性成本预算的编制方法包括（　　）。

A. 公式法　　B. 因素法

C. 列表法　　D. 百分比法

4. 增量预算编制方法的缺点包括（　　）。

A. 可能导致保护落后　　B. 滋长预算中的“平均主义”

C. 工作量大　　D. 不利于企业的未来发展

5. 滚动预算按照预算编制和滚动的时间单位不同分为（　　）。

A. 逐月滚动　　B. 逐季滚动

C. 逐年滚动　　D. 混合滚动

6. 责任中心一般可分为（　　）

A. 成本中心　　B. 生产中心

C. 利润中心　　D. 投资中心

7. 投资中心的主要考核指标是（　　）

A. 责任成本

B. 营业收入

C. 投资利润率

D. 剩余收益

8. 内部转移价格的类型有（　　）

A. 市场价格

B. 协商价格

C. 双重价格

D. 成本转移价格

9. 甲利润中心常年向乙利润中心提供劳务，在其他条件不变的情况下，如果提高劳务的内部转移价格，可能出现的结果是（　　）

A. 甲利润中心内部利润增加

B. 乙利润中心内部利润减少

C. 企业利润总额增加

D. 企业利润总额不变

10. 投资报酬率可分解为（　　）

A. 边际贡献率

B. 投资周转率

C. 销售利润率

D. 销售成本率

四、判断题

1. 财务预算具有资源分配的功能。（　　）

2. 滚动预算又称滑动预算，是指在编制预算时，将预算期与会计年度脱离，随着预算的执行不断延伸补充预算，逐期向后滚动，使预算期永远保持为一个固定期间的一种预算编制方法。（　　）

3. 弹性利润预算编制的百分比法适用于单一品种经营或采用分算法处理固定成本的多品种经营的企业。（　　）

4. 增量预算与零基预算相比能够调动各部门降低费用的积极性。（　　）

5. 生产预算是预算编制的起点。（　　）

6. 根据“以销定产”原则，某期的预计生产量应当等于该期预计销售量。（　　）

7. 经营决策预算除个别项目外一般不纳入日常业务预算，但应计入与此有关的现金预算与预计资产负债表。（　　）

8. 预计资产负债表是以货币形式综合反映预算期内企业经营活动成果计划水平的一种财务预算。（　　）

9. 弹性成本预算编制的列表法不能包括所有业务量条件下的费用预算，适用面较窄。（　　）

10. 现金预算中的现金支出包括经营现金支出、分配股利的支出以及缴纳税金的支出，但是不包括资本性支出。（　　）

五、计算分析题

1. M 公司编制 2017 年的销售预算，销售预计资料如表 10-1 所示。

表 10-1　　销售预计资料

季度	第一季度	第二季度	第三季度	第四季度	全年
预计销售量（件）	100	150	200	180	630
预计单位售价（元）	200	200	200	200	200

预计企业每季度销售收入中，本季度收到现金 60%，另外 40%的现金要到下季度才能收到，2016 年年末的应收账款金额为 6 200 元。

要求：

（1）根据上述资料编制 M 公司 2017 年度销售预算（见表 10-2）。

表 10-2　　M 公司 2017 年度销售预算　　单位：元

季度	第一季度	第二季度	第三季度	第四季度	全年
预计销售量（件）					
预计单位售价					
销售收入					
预计现金收入	—	—	—	—	—
上年应收账款					
第一季度					
第二季度					
第三季度					
第四季度					
现金收入合计					

（2）计算 M 公司 2017 年年末应收账款数额。

2. M 公司预计销量如表 10-3 所示，年初产成品存货有 10 件，年末产成品存货预计有 20 件，各季度末产成品存货量按照下季度销量的 10%安排。

要求：编制 M 公司的生产预算（见表 10-3）。

表 10-3　　生产预算　　单位：件

季度	第一季度	第二季度	第三季度	第四季度	全年
预计销售量	100	150	200	180	630
加：预计期末产成品存货					
合计					
减：预计期初产成品存货					
预计生产量					

3. M 公司预计的生产量如表 10-4 所示，单位产品预算的材料用量 10 千克/件，材料预算单价为5 元/千克，上年年末材料存量为 300 千克，预计本年年末存量为 400 千克，各季末材料存量按照下季生产需用量的 20%安排。上年年末的应付账款为 2 350 元，企业材料采购的货款有 50%在本季度内付清，另外 50%在下季度付清。

要求：

（1）编制材料预算（见表 10-4）。

表 10-4　　材料预算　　金额单位：元

季度	第一季度	第二季度	第三季度	第四季度	全年
预计生产量（件）	105	155	198	182	640
单位产品材料用量（千克/件） 生产需用量（千克） 加：预计期末存量（千克） 减：预计期初存量（千克） 预计材料采购量（千克） 单价（元/千克） 预计采购金额（元）					
预计现金支出					
上年应付账款					
第一季度					
第二季度					
第三季度					
第四季度					
合计					

（2）计算年末应付账款余额。

4. M 公司预计各季度生产量为 105 件、155 件、198 件、182 件，单位产品预算工时为 10 小时/件，单位小时人工成本为 2 元。

要求：编制直接人工预算（见表 10-5）。

表 10-5 直接人工预算

季度	第一季度	第二季度	第三季度	第四季度	全年
预计产量（件）					
单位产品工时（小时/件）					
人工总工时（小时）					
每小时人工成本（元/小时）					
人工总成本（元）					

5. M 公司各季度预计生产量为 105 件、155 件、198 件、182 件，单位变动成本预算为间接人工每件 1 元，间接材料每件 1 元，修理费每件 2 元，水电费每件 1 元。单位产品工时为 10 小时，固定制造费用预算数如表 10-6 所示，每季度固定制造费用中包含的折旧费用为 1 000 元。

要求：

（1）编制制造费用预算表（见表 10-6）。

表 10-6 制造费用预算 单位：元

季度	第一季度	第二季度	第三季度	第四季度	全年
变动制造费用：	—	—	—	—	—
间接人工					
间接材料					
修理费					
水电费					
小计					
固定制造费用	—	—	—	—	—
修理费	1 000	1 140	900	900	3 940
折旧	1 000	1 000	1 000	1 000	4 000
管理人员工资	200	200	200	200	800
保险费	75	85	110	190	460
财产税	100	100	100	100	400
小计	2 375	2 525	2 310	2 390	9 600
合计	2 900	3 300	3 300	3 300	12 800
减：折旧					
现金支出的费用					

（2）计算预算的变动制造费用小时费用分配率和固定制造费用小时费用分配率。

6. M 公司单位产品预算资料如下：单位产品的材料用量为 10 千克，材料单价为 5 元/千克，单位产品的加工工时为 10 小时，每小时的人工成本为 2 元，变动制造费用预算分配率为 0.5 元/小时，固定制造费用预算分配率为 1.5 元/小时。本年预算的产品生产量为 640 件，销售量 630 件，期末存货量为 20 件。

要求：编制产品成本预算（见表 10-7）。

表 10-7 **产品成本预算** 单位：元

项目	单位成本			生产成本	期末存货	销货成本
	每千克或每小时	投入量	成本			
直接材料 直接人工 变动制造费用 固定制造费用						
合计						

7. M 公司 2016 年年末现金余额为 8 000 元，2017 年理想的现金余额为 3 000 元，M 公司2016 年年末的长期借款余额为 120 000 元，短期借款年利率为 10%，长期借款年利率为 12%。如果资金不足，可以取得短期借款，银行的要求是借款额必须是 1 000 元的整数倍。借款利息按季支付，编制预算时假设新增借款发生在季度的期初，归还借款发生在季度的期末，归还借款是 100 元的整数倍。

要求：填写表 10-8 中空格的位置。

表 10-8 **预算表** 单位：元

季度	第一季度	第二季度	第三季度	第四季度	全年
期初现金余额					
加：现金收入（销售预算）	18 200	26 000	36 000	37 600	117 800
可供使用现金	26 200	29 200	39 060	40 640	125 800
减：现金支出	—	—	—	—	—
直接材料（直接材料预算）	5 000	6 740	8 960	9 510	30 210

表10-8(续)

季度	第一季度	第二季度	第三季度	第四季度	全年
直接人工（直接人工预算）	2 100	3 100	3 960	3 640	12 800
制造费用（制造费用预算）	1 900	2 300	2 300	2 300	8 800
销售及管理费用（销售及管理费用预算）	5 000	5 000	5 000	5 000	20 000
所得税费用（预计数）	4 000	4 000	4 000	4 000	16 000
购买设备（资本支出预算）	50 000	—	—	80 000	130 000
股利	—	—	—	8 000	8 000
现金支出合计	68 000	21 140	24 220	112 450	225 810
现金余缺					
现金筹措与运用	—	—	—	—	—
借入长期借款（资本支出预算）	30 000	—	—	60 000	90 000
取得短期借款					
归还短期借款					
短期借款利息					
长期借款利息					
期末现金余额					

8. 某百货公司下设服装部，2016 年销售收入为 5 000 万元，变动成本率为 60%，固定成本为 75 万元，其中折旧为 25 万元。

要求：对以下两个互不相关的问题进行作答。

（1）若该服装部为利润中心，其固定成本只有折旧为不可控的，试评价该部门经理业绩，并评价该部门对公司的贡献有多大。

（2）若该部门为投资中心，其所占用的资产平均额为 2 500 万元，剩余收益为 50 万元，则该公司要求的最低投资利润率为多大？

第十一章　特殊业务财务管理

一、名词解释

1. 公司并购

2. 现金流量贴现法

3. 市盈率法

4. 股利法

5. 股票市价法

6. “毒丸计划”

7. 公司重组

8. 债务重组

9. 公司清算

10. 司法清算

二、单项选择题

1. 企业经营期满或发生严重亏损等原因进行的清算，称为（　　）。

A. 行政清算　　B. 司法清算

C. 自愿清算　　D. 破产清算

2. 从解散清算转为破产清算的基本原因是（　　）。

A. 企业在经营期满前所进行的清算　　B. 清算机构不符合要求

C. 发现企业资不抵债　　D. 企业仍具有法人地位

3. 根据《中华人民共和国破产法》的有关规定，公司的剩余财产应首先用于偿付（　　）。

A. 破产企业所欠税款

B. 破产企业所欠的职工工资和劳动保险费

C. 已担保的破产债权

D. 无担保的破产债权

4. 下列各项中，（　　）可作为清算财产。

A. 租入的设备　　B. 递延资产

C. 代表单位加工而存放在企业的财产　　D. 清算前放弃的债务

5. 自愿清算时清算机构的法律地位（　　）。

A. 是本企业的代理机构　　B. 是一个民事主体

C. 具有法人资格　　D. 能以当事人的身份参加民事诉讼

6. 当企业合并时需对整体财产进行估价或对某些特殊单项财产进行估价，应采用（　　）。

A. 调查分析法　　B. 变价收入法

C. 招标作价法　　D. 收益现值法

7. 清算费用由清算财产（　　）。

A. 清偿债务后支付　　B. 优先支付

C. 分配剩余财产时支付　　D. 可不定期支付

8. 企业清算终了，清算收益大于清算损失和清算费用的部分应（　　）。

A. 视同利润缴纳所得　　B. 视同企业税后利润

C. 视同利润但不必纳税　　D. 不一定缴纳所得税

9. 企业并购谋求财务协同效应的表现，不包括（　　）。

A. 提高财务能力　　B. 合理节税

C. 预期提高股价　　D. 提高公司声誉

10. 并购后企业的净收益超过并购前企业的净收益，是由于（　　）的作用。

A. 商誉　　B. 协同效应

C. 财务杠杆　　D. 规模效益

11. 当并购公司与目标公司处于同一个行业，生产或经营同一产品时，属于（　　）。

A. 横向并购　　B. 纵向并购

C. 混合并购　　D. 综合并购

12. 企业在并购中大量向银行借款以筹集收购所需要的资金，并以目标公司的资产或将来的现金流入作担保，这种并购属于（　　）。

A. 杠杆并购　　B. 股权置换
C. 资产置换　　D. 金融机构信贷

13. 并购的实质是为了取得对目标企业的（　　）。
A. 经营权　　B. 管理权
C. 控制权　　D. 获益权

14. 并购企业和目标企业分别处于不同的产业部门、不同的市场，而这些产业部门之间不直接竞争，没有特别的生产技术联系。这样的并购称为（　　）。
A. 混合兼并　　B. 纵向兼并
C. 横向兼并　　D. 接管

15. 当被并购公司资不抵债和资产与债务相等的情况下并购方以承担被并购方全部或部分债务为条件，取得被并购方资产的所有权和经营权的并购方式称为（　　）。
A. 股权交易式并购　　B. 现金购买式并购
C. 承担债务式并购　　D. 混合式并购

16. 存在商品买卖关系的企业的合并称为（　　）。
A. 混合　　B. 横向
C. 纵向　　D. 联营

18. 下列行为中，属于购并决策的始发点的是（　　）。
A. 购并一体化整合计划　　B. 购并资金融通计划
C. 目标公司价值评估　　D. 购并目标规划

18. 购并目标确立后，（　　）是实施购并决策最为关键的一环。
A. 寻求足够的购并资金　　B. 目标公司的搜寻与抉择
C. 确定目标公司的合理价格　　D. 确定目标公司的规模

19. 在购并一体化整合中，最困难的是（　　）的整合。
A. 管理一体化　　B. 财务一体化
C. 文化一体化　　D. 作业一体化

三、多项选择题

1. 企业清算时，清偿债务要（　　）。
A. 先清偿有担保债务　　B. 先清偿无担保债务
C. 后偿还有担保债务　　D. 后偿还无担保债务
E. 清偿各种债务以后的剩余部分，应在投资者之间进行分配

2. 解散清算与破产清算的主要区别在于（　　）。
A. 清算性质不同　　B. 清算目的不同
C. 处理利益关系的侧重点不同　　D. 被清算企业的法律地位不同
E. 清算机构的工作程序不同

3. 下列不属于企业清算财产的有（　　）。

A. 租入、借入、代外单位加工的财产
B. 代外单位销售存放在本企业的财产
C. 递延资产、待摊费用
D. 清算前无偿转移的财产
E. 相当于担保债务数额的担保财产

4. 清算期间按法律规定应追回的财产有（　　）。

A. 清算前无偿转移或低价转让的财产
B. 原来无财产担保的债务在清算前才提供财产担保的财产
C. 在清算前提前清偿未到期的债务的财产
D. 在清算前放弃的债权
E. 相当于担保债务数额的担保财产

5. 企业在清算期间为开展清算工作而支出的费用，包括（　　）。

A. 诉讼费、审计费和公证费
B. 财产估价费和变卖费
C. 财产清查费和保管费
D. 清算机构办公费
E. 所有人员的工资和差旅费

6. 集团总部在购并目标规划时需要考虑的基本因素包括（　　）。

A. 企业集团战略发展结构与核心能力
B. 企业集团发展阶段与未来前景预期
C. 购并是否是企业集团发展的最好途径
D. 购并一体化整合
E. 企业集团是否有足够的资源支持购并活动

7. 站在集团总部角度，在整个购并过程需要抓住的最为关键的问题是（　　）。

A. 购并目标规划
B. 购并资金融通
C. 防范购并陷阱
D. 购并一体化整合计划
E. 目标公司的搜寻与抉择

8. 企业集团对目标公司购并价格的支付方式主要包括（　　）。

A. 现金支付方式
B. 股票对价方式
C. 卖方融资方式
D. 递延支付方式
E. 实物支付方式

9. 运用现金流量贴现模式对目标公司进行价值评估需要解决的基本问题是（　　）。

A. 未来现金流量预测
B. 折现率的选择
C. 预测期的确定
D. 资本结构规划
E. 明确的预测期后现金流量估测

10. 按照企业联合与兼并的方式，兼并可分为（　　）。

A. 购买式兼并
B. 破产式兼并

C. 承担债务式兼并　　　　D. 吸收股份式兼并
E. 控股式兼并

四、判断题

1. 购并目标是实施整个购并过程必须始终遵循的基本思路和方向指引。（　）

2. 购并财务标准主要包括两个方面，即目标公司的规模标准与购并价格标准。（　）

3. 企业集团的发展空间是否需要向其他新的领域拓展，是购并目标规划过程必须考虑的基本因素之一。（　）

4. 购并标准中最重要的是财务标准，即目标公司规模与价格水平。（　）

5. 就财务角度而言，主并公司最为关心的通常是对目标公司直接支付的购并价格的多少。（　）

6. 股权现金流量体现了普通股投资者对公司现金流量的要求权。（　）

7. 在吸收合并的情况下，对目标公司贡献现金流量测算应采取“倒挤法”，即用购并整合后公司的现金流量减去主并公司的独立现金流量。（　）

8. 整个购并活动成功的基本标志是对目标公司实现了接管，取得了控制权。（　）

9. 企业清算时，清偿债务要先清偿无担保债务，后偿还有担保债务。（　）

10. 清算前无偿转移的财产不属于企业清算财产。（　）

五、计算分析题

1. 某企业合营期满，已决定进行解散清算。在清算财产中有一项专有技术要进行估价，该专有技术预期年收益额为 3 800 元，已知本行业的平均资产收益率为 23%。

要求：按收益现值法对该专有技术进行估价。

2. 2016 年年底，K 公司拟对 L 企业实施吸收合并式收购。根据分析预测，购并整合后的 K 公司未来 5 年中的股权资本现金流量分别为-4 000 万元、2 000 万元、6 000 万元、8 000 万元、9 000 万元，5 年后的股权资本现金流量将稳定在 6 000 万元左右。根据推测，如果不对 L 企业实施购并的话，未来 5 年中 K 公司的股权资本现金流量将分别为 2 000 万元、2 500 万元、4 000 万元、5 000 万元、5 200 万元，5 年后的股权现金流量将稳定在 3 600 万元左右。购并整合后的预期资本成本率为 6%。

要求：采用现金流量贴现模式对L企业的股权现金价值进行估算。

3. A公司欲收购在业务及市场方面与其具有一定协同性的B公司54%的股权，相关财务资料如下：

B公司拥有5 000万股普通股，2014年、2016年、2003年税前利润分别为2 200万元、2 300万元、2 400万元，所得税税率为25%；A公司决定按B公司三年平均盈利水平对其进行价值评估，评估方法选用市盈率法，并以A公司自身的市盈率（15）为参数。

要求：计算B公司预计每股价值、企业价值总额以及A公司预计需要支付的收购价款。

4. 甲企业因经营管理不善，不能清偿到期债务，依法破产。经查，甲企业现有现金及实物共100万元，房地产500万元，其中有一处200万元的房地产抵押给A银行，贷款150万元，另有一处100万元的房地产抵押给B银行，贷款130万元。另有两企业分别欠甲企业70万元、30万元，甲企业还分别欠了乙企业、丙企业、丁企业100万元、200万元、300万元。甲企业欠国家税款250万元，欠职工工资、劳动保险费用50万元，破产费用20万元。

要求：说明甲企业破产清偿顺序。

模拟试题（一）

一、单项选择题（每题 1 分，共 10 分）

1. 某企业去年的营业净利率为 5.73%，资产周转率为 2.17%；今年营业净利率为 4.88%，资产周转率为 2.88%。若两年的资产负债率相同，则今年的净资产收益率与去年相比的变化趋势是（　　）。

A. 下降　　B. 不变
C. 上升　　D. 难以确定

2. 产权比率与权益乘数的关系是（　　）。

A. 产权比率×权益乘数＝1
B. 权益乘数＝1+产权比率
C. 权益乘数＝(1+产权比率)/产权比率
D. 权益乘数＝1/(1-产权比率)

3. 其他业务预算的编制是以（　　）为基础的。

A. 现金预算　　B. 销售预算
C. 生产预算　　D. 产品成本预算

4. 在下列股利分配政策中，能保持股利与利润之间一定的比例关系，并体现了风险投资与风险收益对等原则的是（　　）。

A. 剩余股利政策　　B. 固定股利政策
C. 固定股利支付率政策　　D. 正常股利加额外股利政策

5. 在下列公司中，通常适合采用固定股利政策的是（　　）。

A. 收益显著增长的公司　　B. 收益相对稳定的公司
C. 财务风险较高的公司　　D. 投资机会较多的公司

6. 下列证券中，能够更好地避免证券投资购买力风险的是（　　）。

A. 普通股　　B. 优先股
C. 公司债券　　D. 国库券

7. 某公司 2016 年销售收入为 600 000 元，销售净利率为 10%，留存收益比率为 20%，对销售敏感的资产项目占销售额的比例为 24%，对销售敏感的负债项目占销售额的比例为 8%。预测 2017 年的销售收入为 800 000 元，则需要追加的外部筹资额为（　　）元。

A. 14 000　　B. 15 000

C. 16 000　　D. 17 000

8. 某种股票的标准离差率为 0.4，风险收益系数为 0.3，假设无风险收益率为 8%，则该股票的期望投资收益率为（　　）。

A. 40%　　B. 12%

C. 20%　　D. 3%

9. 作为财务目标，每股盈余最大化较之利润最大化的优点在于（　　）。

A. 考虑了资金的时间价值因素　　B. 反映了形成利润与投入资本的关系

C. 考虑了风险因素　　D. 能够避免企业的短期行为

10. 在下列各项中，无法计算出确切结果的是（　　）。

A. 后付年金终值　　B. 即付年金终值

C. 递延年金终值　　D. 永续年金终值

二、多项选择题（每题 2 分，共 20 分）

1. 企业价值最大化作为最优目标的优点表现在（　　）。

A. 考虑了资金的时间价值和风险价值

B. 反映了对企业资产保值增值的要求

C. 有利于克服企业的短期行为

D. 有利于社会资源的合理配置

2. 下列说法中，正确的是（　　）。

A. 普通年金终值系数和偿债基金系数互为倒数

B. 普通年金终值系数和普通年金现值系数互为倒数

C. 复利终值系数和复利现值系数互为倒数

D. 普通年金现值系数和资本回收系数互为倒数

3. 在不考虑通货膨胀的情况下，投资收益率包括（　　）。

A. 通货膨胀补偿率　　B. 无风险收益率

C. 资金成本率　　D. 风险收益率

4. 企业自有资金的筹集方式有（　　）。

A. 发行债券　　B. 吸收直接投资

C. 发行股票　　D. 利用留存收益

5. 在计算个别资本成本时，需要考虑所得税抵减作用的筹资方式有（　　）。

A. 长期借款　　B. 发行债券

C. 发行优先股　　D. 发行普通股

6. 适用于评价原始投资额不相同的互斥型投资方案的方法是（　　）。

A. 投资回收期　　B. 净现值法

C. 净现值率法　　D. 年均净现值法

7. 股票投资的缺点有（　　）。

A. 购买力风险高　　B. 求偿权居后

C. 价格不稳定　　D. 收入稳定强

8. 某企业现金收支状况稳定，全年按存货模式计量的最佳现金持有量为 40 000 元，全年现金用量为 200 000 元，机会成本率为 10%，则下列说法中正确的有（　　）。

A. 转换成本为 2 000 元　　B. 有价证券交易间隔时间为 72 天

C. 机会成本为 2 000 元　　D. 相关总成本为 4 000 元

9. 利润分配的原则包括（　　）。

A. 依法分配原则　　B. 合理积累，适当分配原则

C. 投资与收益对等原则　　D. 各方利益兼顾原则

10. 成本中心的特点包括（　　）。

A. 成本中心只考核成本费用不考评收益

B. 成本中心只对可控成本承担责任

C. 成本中心只对责任成本进行考核和控制

D. 成本中心的考核需要兼顾一些不可控成本

三、判断题（每题 1 分，共 10 分）

1. 流动比率越高，表明企业的偿债能力越强，经营管理水平越高。（　　）

2. 某企业年末资产总额为 2 000 万元，负债总额为 1 060 万元，其权益乘数则为 2.13。（　　）

3. 在两个方案对比时，标准离差率越大，说明风险越大；同样，标准离差越大，说明风险也一定越大。（　　）

4. 企业负债比例越高，财务风险越大，因此负债对企业总是不利的。（　　）

5. 当预计的息税前利润大于每股利润无差异点息税前利润时，采用负债筹资会提高普通股每股利润，但会加大企业的财务风险。（　　）

6. 如果企业的资金来源全部为自有资金，并且没有优先股存在，则企业财务杠杆系数等于零。（　　）

7. 采购批量越大，储存成本越高，订货成本就越低。（　　）

8. 存货周转次数越多，表明企业的经营状况越好。（　　）

9. 所有者最关心的是企业的偿债能力，债权人最关心的是企业的盈利能力。（　　）

10. 在其他因素不变的情况下，固定成本越小，经营杠杆系数越大，经营风险越大。（　　）

四、计算分析题（每题 10 分，共 40 分）

（注：如计算结果不是整数，请保留小数点后两位数。）

1. 清江电机股份有限公司准备筹集长期资金 1 500 万元，筹资方案如下：发行长期债券 500 万元，年利率为 6%，筹资费用率为 2%；发行优先股 200 万元，年股息率为 8%，筹资费用率为 3%；发行普通股 800 万元，每股面额为 1 元，发行价为每股 4 元，共 200 万股；本年期望的股利为每股 0.2 元，预计以后每年股息率将增加 4%，筹资费用率为 3.5%，企业所得税税率为 33%。

要求：

（1）计算债券个别资本成本。

（2）计算优先股个别资本成本。

（3）计算普通股个别资本成本。

（4）计算该公司的加权平均资本成本。

2. 甲公司目前的资本总额为 1 800 万元，其中普通股 800 万元，普通股股数为 800 万股，长期债务为 1 000 万元，债务年利息率为 10%，所得税税率为 20%。甲公司拟投产一个新项目，预计的息税前利润为 700 万元，需要筹资 600 万元。该项目有以下两个筹资方案可供选择：

（1）发行债券，年利率为 12%。

（2）按每股 5 元增发普通股。

（假设两个筹资方案均不考虑筹资费用）。

要求：

（1）计算发行债券筹资后的债务年利息。

（2）计算增发普通股筹资后的债务年利息、普通股股数。

（3）计算增发普通股和债券筹资的普通股每股利润无差别点。

（4）根据计算结果，分析甲公司应当选择哪一种筹资方案。

3. 甲项目的年收益率及概率分布如表 1 所示。

表 1　　　　甲项目的年收益率及概率分布

市场状况	概率	年收益率（%）
较好	0.3	40
一般	0.5	20
较差	0.2	5

要求：

（1）计算甲项目年收益率的期望值。

（2）计算甲项目年收益率的标准离差。

（3）计算甲项目年收益率的标准离差率。

（4）假设乙项目年收益率期望值为 25%，标准离差为 18%，比较甲、乙两项目风险大小。

4. 某运输集团公司预计全年需要外购轮胎 10 000 条，单位储存保管费 20 元，每次采购费用 1 000 元。

要求：计算该公司轮胎的最佳采购批量、采购批次以及相应的存货总成本。

五、综合题（20 分）

（注：如计算结果不是整数，请保留小数点后两位数。）

资料：某公司准备新增一条生产线以开发新产品，该生产线共需要投资 350 万元，其中固定资产投资 300 万元，垫支流动资金 50 万元，以上投资均于建设起点一次投入。预计该生产线使用寿命为 6 年，采用年限平均法计提折旧，使用期满有净残值 12 万元，同时可全额收回垫支的流动资金。该生产线当年建成并投入使用，使用期内预计每年可获销售收入为 125 万元，每年付现成本为 25 万元。该公司的资金成本为 10%，所得税税率为 25%。

已知：

$(P/A, 10\%, 5) = 3.7908$

$(P/A, 10\%, 6) = 4.3553$

$(P/F, 10\%, 6) = 0.5645$

要求：

（1）计算固定资产年折旧额。

（2）计算项目投资各年的净现金流量。

（3）计算项目投资净现值，并评价该项目的可行性。

模拟试题（二）

一、单项选择题（每题1分，共10分）

1. 应收账款周转率是指（　　）与应收账款平均余额的比值，它反映了应收账款流动程度的大小。

A. 营业成本　　B. 营业利润
C. 营业收入　　D. 现销收入

2. 下列项目中，不属于利润中心责任范围的是（　　）。

A. 成本　　B. 收入
C. 利润　　D. 投资效果

3.（　　）是一系列专门反映企业未来一定预算期内预计财务状况和经营成果以及现金收支等价值指标的各种预算总称。

A. 现金预算　　B. 销售预算
C. 生产预算　　D. 财务预算

4. 相对于其他股利政策而言，既可以维持股利的稳定性，又有利于优化资本结构的股利政策是（　　）。

A. 剩余股利政策　　B. 固定股利政策
C. 固定股利支付率政策　　D. 低正常股利加额外股利政策

5. 对信用期限的叙述，正确的是（　　）。

A. 信用期限越长，坏账发生的可能性越小
B. 信用期限越长，表明客户享受的信用条件越优越
C. 延长信用期限，将会减少销售收入
D. 信用期限越长，收账费用越少

6. 对证券持有人而言，证券发行人无法按期支付债券利息或偿付本金的风险是（　　）。

A. 流动性风险　　B. 系统风险
C. 违约风险　　D. 购买力风险

7. 当净现值为零时，则可说明（　　）。

A. 投资方案无收益　　B. 投资方案只能获得平均利润
C. 投资方案只能收回投资　　D. 投资方案亏损，应拒绝接受

8. 某企业2016年的销售额为1 000万元，变动成本为600万元，固定经营成本为200万元，预计2017年固定成本不变，则2017年的经营杠杆系数为（　　）。

A. 2　　B. 3

C. 4　　D. 无法计算

9. 为比较期望收益率不同的两个或两个以上方案的风险程度，应采用的标准是（　　）。

A. 标准离差　　B. 标准离差率

C. 概率　　D. 风险收益率

10. 以下影响财务管理的因素中，起决定性作用的是（　　）。

A. 政治和法律环境　　B. 经济环境

C. 金融环境　　D. 企业组织和内部环境

二、多项选择题（每题2分，共20分）

1. 下列财务关系中，属于债权债务关系的是（　　）。

A. 企业与国家之间的财务关系　　B. 企业与债权人之间的财务关系

C. 企业与受资者之间的财务关系　　D. 企业与债务人之间的财务关系

2. 金融市场的基本构成要素有（　　）。

A. 交易对象　　B. 交易主体

C. 交易工具　　D. 交易价格

3. 普通年金终值系数表的用途有（　　）。

A. 已知年金求终值　　B. 已知终值求年金

C. 已知现值求终值　　D. 已知终值和年金求利率

4. 关于投资者要求的期望投资收益率，下列说法中正确的有（　　）。

A. 风险程度越高，要求的收益率越就低

B. 风险程度越高，要求的收益率就越高

C. 无风险收益率越高，要求的期望投资收益率就越高

D. 期望投资收益率是一种机会成本

5. 在销售百分比法中，预测对外筹资的需要量受（　　）因素的影响。

A. 销售增长率　　B. 资产利用率

C. 股利支付率　　D. 销售净利率

6. 最佳资本结构是指（　　）的资本结构。

A. 企业价值最大　　B. 加权平均资本成本最低

C. 每股收益最大　　D. 净资产值最大

7. 在经营期内的任何一年中，该年的净现金流等于（　　）。

A. 原投资额的负值

B. 原投资额与资本化利息之和

C. 该年现金流入量与流出量之差

D. 该年利润、折旧、摊销额和利息之和

8. 根据证券投资的对象不同，可将证券投资分类为（　　）。

A. 债券投资　　B. 组合投资

C. 基金投资　　D. 股票投资

9. 信用条件是指公司要求客户支付赊销款的条件，一般包括（　　）。

A. 信用期限　　B. 现金折扣

C. 折扣期限　　D. 坏账损失率

10. 企业选择股利政策通常需要考虑的因素有（　　）。

A. 企业所处的成长与发展阶段　　B. 企业支付能力的稳定情况

C. 企业获利能力的稳定情况　　D. 目前投资机会

三、判断题（每题 1 分，共 10 分）

1. 资金时间价值可用利息或利率表示，因此通常情况下，利率就是资金时间价值。（　　）

2. 企业与职工之间的财务关系表现为资金的结算关系。（　　）

3. 直接筹资条件较为严格，手续较为繁杂，筹资费用较高，主要采用发行股票、发行债券等方式。（　　）

4. 企业筹集到资本金后，在生产经营期间内，投资者除依法转让外，一般不得收回投资。（　　）

5. 当息税前资金利润率高于借入资金利息率时，增加借入资金，可以提高自有资金利润率。（　　）

6. 权益乘数越高，表明企业负债程度越高，给企业带来的杠杆利益较多，同时也会带来较大的风险。（　　）

7. 如果企业的资金来源全部为自有资金，并且没有优先股存在，则企业财务杠杆系数等于零。（　　）

8. 资金成本是选择追加筹资方案的重要依据，也是判断投资项目是否可行的取舍标准，还可以作为衡量企业经营业绩的基准。（　　）

9. 以投资报酬率对投资中心进行业绩评价，可使部门目标和企业目标趋于一致。（　　）

10. 在其他因素不变的情况下，固定成本越小，经营杠杆系数越大，经营风险越大。（　　）

四、计算分析题（每题 10 分，共 40 分）

（注：如计算结果不是整数，请保留小数点后两位数。）

1. 某企业拟筹资 5 000 万元，其中按面值发行债券 2 000 万元，票面利率为 10%，筹资费用率为 2%；发行优先股 800 万元，年股息率为 12%，筹资费用率为 3%；发行普通股 2 200 万元，筹资费用率为 5%，预计第一年股利率为 12%，以后每年按 4%递增，所得税税率为 33%。

要求：

（1）计算债券资金成本。

（2）计算优先股资金成本。

（3）计算普通股资金成本。

（4）计算综合资金成本。

2. 某企业拟购置一台设备，购入价为 200 000 元，预计可使用 5 年，净残值为 8 000元，假设资金成本为 10%，投产后每年可获得净利润 50 000 元。

要求：

（1）用直线法计算该项设备的各年折旧额。

（2）列式计算该投资方案的净现值。

（3）列式计算该投资方案的现值指数。

（4）判断方案是否行。

（注：5 年、10% 的年金现值系数为 3. 790 8；5 年、10% 的复利现值系数为 0. 620 9）。

3. 某企业目前发行在外普通股100万股（每股面值1元），并发行利率为10%的债券400万元。该企业现打算为一个新的投资项目融资500万元，新项目投产后每年的息税前利润将增加到200万元。现有两个方案可供选择：方案一，按12%的利率发行债券500万元；方案二，按每股20元的价格发行新股。企业适用的所得税税率为33%。

要求：

（1）计算两个方案的每股税后净利润。

（2）计算两个方案的每股利润无差异点的息税前利润。

（3）计算两个方案的财务杠杆系数。

（4）判断哪个方案最佳，并说明理由。

4. A公司2016年12月31日的资产负债表如表1所示。

表1 A公司简要资产负债表

2016年12月31日 单位：元

资产		负债与所有者权益	
现金	6 000	应付账款	18 000
应收账款	18 000	应付票据	12 000
存货	28 000	长期借款	20 000
固定资产净值	48 000	实收资本	40 000
		留存收益	10 000
资产合计	100 000	负债与所有者权益	100 000

A公司2016年度的销售收入为160 000元，但固定资产生产能力已经饱和，若增加收入需增加固定资产投资。A公司税后销售利润率为10%，其中60%净利润分配给投资者。A公司预计2017年销售收入将提高到200 000元，计提折旧额为4 000元。

要求：确定A公司2017年需从外界追加的资金量为多少（假定2017年与2016年的销售净利率和利润分配政策均相同）

五、综合题（20分）

（注：如计算结果不是整数，请保留小数点后两位数。）

资料：某企业2016年12月31日资产负债表如表2所示。

表2 资产负债表

2016年12月31日 单位：万元

资产	年初数	年末数	负债和所有者权益	年初数	年末数
流动资产			流动负债合计	220	218
货币资金	100	95	长期负债合计	290	372
应收账款额	135	150	负债合计	510	590
存货	190	205	所有者权益合计	715	720
流动资产合计	425	450			
固定资产	800	860			
固定资产计	1 225	1 310	负债和所有者权益合计	1 225	1 310

另外，该企业2016年销售收入净额为1 014万元（其中赊销收入为570万元），净利润为253. 5万元。

要求：

（1）计算该企业2016年年末的流动比率、速动比率、产权比率、资产负债率和权益乘数。

（2）计算该企业2016年应收账款周转率、固定资产周转率、总资产周转率。

（3）计算该企业2016年销售净利率、净资产收益率、资本保值增值率。

模拟试题（三）

一、单项选择题（每题 1 分，共 10 分）

1. 现代企业财务管理的最优目标是（　　）。

A. 产值最大化　　B. 利润最大化

C. 每股盈余最大化　　D. 企业价值最大化

2. 为在第 5 年年末获得本利和 10 000 元，求每年年末应存款多少，应使用（　　）。

A. 年金现值系数　　B. 年金终值系数

C. 复利现值系数　　D. 复利终值系数

3. 将标准离差率转换为投资收益率时，需要借助于（　　）。

A. R 系数　　B. 风险价值系数

C. 复利现值系数　　D. 年金终值系数

4. 某企业每年向供应商购入 100 万元的商品，该供应商提供的信用条件为“2/10，N/40”，若该企业放弃现金折扣，则其放弃现金折扣的资金成本为（　　）。

A. 25%　　B. 20%

C. 30%　　D. 40%

5. 当预计的息税前利润大于每股收益无差别点时，（　　）方式更有利。

A. 负债　　B. 权益

C. 负债或权益　　D. 无法确定

6. 企业投资 20 万元购入一台设备，预计投产后每年获利 4 万元，固定资产年折旧额为 2 万元，则投资回收期为（　　）。

A. 6.7 年　　B. 10 年

C. 3.33 年　　D. 5 年

7. 股票投资与债券投资相比（　　）。

A. 风险高　　B. 收益小

C. 价格波动小　　D. 变现能力差

8. 存货经济批量的基本模型所依据的假设不包括（　　）。

A. 存货集中到货　　B. 一定时期的存货需求量能够确定

C. 存货进价稳定　　D. 允许缺货

9. 某企业在选择股利政策时，以代理成本和外部融资成本之和最小化为标准。该企业所依据的股利理论是（　　）。

A. “在手之鸟” 理论　　B. 信号传递理论

C. MM 理论　　D. 代理理论

10. 下列财务比率反映营运能力的是（　　）。

A. 资产负债率　　B. 流动比率

C. 存货周转率　　D. 资产报酬率

二、多项选择题（每题 2 分，共 20 分）

1. 某公司当年的经营利润很多，却不能偿还到期债务。为查清其原因，应检查的财务比率包括（　　）。

A. 资产负债率　　B. 流动比率

C. 存货周转率　　D. 已获利息倍数

2. 下列指标中，数值越高表明企业获利能力越强的有（　　）。

A. 营业利润率　　B. 资产负债率

C. 净资产收益率　　D. 速动比率

3. 下列说法中，正确的是（　　）。

A. 考核利润中心业绩时不进行投入产出比较

B. 利润中心一定是独立法人

C. 利润中心没有投资决策权

D. 投资中心具有最大的决策权，也承担最大的责任

4. 零基预算的优点有（　　）。

A. 促进资源合理有效分配

B. 可充分发挥各级管理人员的积极性和创造性

C. 工作量小

D. 不受以前发生费用水平的束缚

5. 股票分割的主要作用有（　　）。

A. 有利于促进股票流通和交易

B. 有助于公司并购政策的实施，增加对被并购方的吸引力

C. 可能增加股东的现金股利，使股东感到满意

D. 有利于增强投资者对公司的信心

6. 用成本分析模式确定最佳现金持有量时，应予考虑的成本费用项目有（　　）。

A. 现金管理费　　B. 现金短缺成本

C. 现金与有价证券的转换成本　　D. 现金机会成本

7. 由影响所有公司的因素引起的风险，可称为（　　）。

A. 可分散风险　　B. 非系统性风险

C. 不可分散风险　　D. 系统性风险

8. 投资决策中可用来作为折现率的指标有（　　）。

A. 资金成本率　　B. 投资的机会成本率

C. 社会平均资金利润率　　D. 行业平均资金利润率

9. 影响企业边际贡献大小的因素有（　　）。

A. 固定成本　　B. 销售单价

C. 单位变动成本　　D. 产销量

10. 利润最大化目标的缺陷在于（　　）。

A. 没有考虑货币的时间价值

B. 没有考虑风险因素

C. 只考虑近期收益而没有考虑远期收益

D. 没有考虑投入资本和获利之间的关系

三、判断题（每题 1 分，共 10 分）

1. 递延年金的终值和普通年金的终值是相等的。（　　）

2. 企业财务管理活动最为主要的环境因素是经济体制环境。（　　）

3. 利润最大化是企业寻求的最重要目标，因此利润最大化是企业财务管理的最恰当目标。（　　）

4. 公司特有风险是指可以通过分散投资而予以消除的风险，因此此类风险并不会从资本市场中取得其相应的风险溢价补偿。（　　）

5. 资金成本是企业筹资决策中所要考虑的唯一因素。（　　）

6. 对于债务人来说，长期借款的风险比短期借款的风险小。（　　）

7. 现金折扣是企业为了鼓励客户多买商品而给予的价格优惠，每次购买的数量越多，价格也就越便宜。（　　）

8. 评价指标按照在决策中的重要性，可以分为主要指标、次要指标和辅助指标，其中投资利润率属于次要指标。（　　）

9. 总杠杆系数能够估计出销售额变动对每股收益的影响。（　　）

10. 公司的衰退阶段应当采用稳定增长型股利政策来吸引股东。（　　）

四、计算分析题（每题 10 分，共 40 分）

（注：如计算结果不是整数，请保留小数点后两位数。）

1. 某公司初创时有三个筹资方案可供选择，有关资料如表 1 所示。

表 1　　筹资方案汇总表　　单位：万元

筹资方式	方案 A		方案 B		方案 C	
	筹资额	资本成本	筹资额	资本成本	筹资额	资本成本
长期借款	400	6%	500	6.5%	800	7%
债券	1 000	7%	1 500	8%	1 200	7.5%
优先股	600	12%	1 000	12%	500	12%
普通股	3 000	15%	2 000	15%	2 500	15%
合计	5 000		5 000		5 000	

要求：分别计算三个筹资方案的加权平均资本成本，从而确定最优筹资方案。

2. 某公司现销售信用条件为“N/30”，全年计划赊销产品 400 000 元，坏账损失率为 1%，收账费用为 2 000 元。该公司现打算将原来的 30 天信用期限延长到 60 天，预计此项措施能使赊销金额增加到 600 000 元，坏账损失率为 2%，收账费用为 3 000 元。产品变动成本率为 80%，机会成本率为 20%。

要求：计算分析该公司延长信用期限是否可行。

3. D 公司 2016 年销售收入为 5 000 万元，销售净利率为 10%，股利支付率为 60%，2016 年 12 月 31 日的资产负债表（简表）如表 2 所示。

表 2　　资产负债表

2016 年 12 月 31 日　　单位：万元

资产	期末数	负债和所有者权益	期末数
货币资金	800	应付账款	800
应收账款	700	应付票据	600
存货	1 500	长期借款	1 200
固定资产净值	2 000	股本（每股面值 1 元）	1 000
无形资产	1 000	资本公积	1 800
		留存收益	600
资产总计	6 000	负债和所有者权益总计	6 000

D 公司尚有生产能力，2017 年计划销售收入达到 6 000 万元，不需添加设备。根据对历年财务数据进行分析，D 公司流动资产与流动负债各项目随销售额同比率增减。假定 2017 年销售净利率和股利支付率与 2016 年一致。

要求：

（1）计算 2017 年需增加的资金数额。

（2）计算 2017 年需要对外筹集的资金量。

4. B 企业去年产品销售量为 10 万台，单位售价为 100 元，变动成本率为 60%，固定经营成本总额为 150 万元，利息费用为 50 万元。B 企业今年预计产品的单位售价、单位变动成本、固定经营成本总额和利息费用不变，所得税税率为 25%，预计销售量将增加 40%。

要求：计算 B 企业今年息税前利润、净利润以及经营杠杆系数、财务杠杆系数、总杠杆系数。

五、综合题（20 分）

（注：如计算结果不是整数，请保留小数点后两位数。）

资料：某公司计划增加一条生产线，以扩充生产能力。该生产线预计投资 750 000 元，估计使用寿命为 5 年，采用直线法计提折旧，预计净残值为 30 000 元。生产线投入使用后每年增加营业收入 1 400 000 元，增加付现成本 1 050 000 元，项目投入运营时需要垫支营运资金 250 000 元。该公司适用的所得税税率为 25%，该项目要求最低的投资报酬率为 12%。

要求：计算该项目的净现值、净现值率、现值指数，并判断项目的可行性。

已知：

（P/A，12%，5）= 3.604 8

（P/F，12%，5）= 0.567 4

第二部分　参考答案

第一章　总论参考答案

一、名词解释

1. 财务管理。财务管理是指企业以货币为主要度量形式，在企业的生产经营活动过程中组织财务活动、处理财务关系的一系列经济管理活动的总称，是企业管理的一个重要组成部分，是企业财务管理人员运用专门的财务管理方法，对企业的筹资活动、投资活动、营运资金活动和收益分配活动进行的管理活动。

2. 财务活动。财务活动是指资金的筹集、投放、使用、回收以及分配等一系列的活动。财务活动是资金运动的实现形式。

3. 财务关系。企业在财务活动中产生的与各相关利益主体之间发生的利益关系就为财务关系。一般情况下，企业的财务关系有以下几个方面：一是企业与政府之间的财务关系；二是企业与投资者之间的财务关系；三是企业与债权人之间的财务关系；四是企业与受资者之间的财务关系；五是企业与债务人之间的财务关系；六是企业内部各部门之间的财务关系；七是企业与职工之间的财务关系。

4. 财务预测。财务预测是通过调查研究掌握的资料，考虑现实的条件和要求，运用科学的方法，对企业未来的财务收支发展趋势和财务成果的可能性做出估计和预测。财务预测是财务管理的重要环节，能为企业正确的财务决策提供依据，也是企业建立有效财务预算的基础。

5. 财务决策。财务决策是指财务人员在财务目标的总体要求下，运用专门的方法从各种备选方案中选出最佳方案。在市场经济条件下，财务决策是财务管理的核心，财务决策的正确与否关系到企业的兴衰成败。

6. 财务预算。财务预算是运用科学的技术手段和数量方法，对目标进行综合权衡，制定主要的计划指标，拟定增产节支措施，协调各项计划指标。财务预算是以财务决策确立的方案和财务预测提供的信息为基础编制的，是财务预测和财务决策确定的经营目标的系统化、具体化，是控制财务收支活动、分析生产经营成果的依据，是落实企业经营目标的必要环节。

7. 财务控制。财务控制是指在生产经营过程中，以预算任务及各项定额为依据，对各项财务收支进行日常的计算、审核和调节，将其控制在制度和预算规定的范围之内，如果发现偏差，就及时进行纠正，以保证实现或超过预定的财务目标。财务控制是保证财务政策和财务预算实施的重要环节。

8. 理财环境。企业的财务管理环境又称理财环境，是指对企业理财活动产生直接或者间接影响作用的外部条件或影响因素。企业理财环境主要有宏观经济政策环境、金融市场环境、法律环境。

二、单项选择题

1. C　2. B　3. A　4. C　5. A　6. A　7. D　8. B　9. C
10. B　11. D　12. A　13. B　14. D　15. D　16. C　17. D　18. C
19. B　20. D

三、多项选择题

1. ABCD　2. ABCDE　3. ABCDE　4. ABCE　5. ABCD
6. ABCDE　7. ABD　8. BD　9. ABCD　10. ABC

四、判断题

1. 正确　2. 正确　3. 正确　4. 正确　5. 错误
6. 错误　7. 正确　8. 错误　9. 正确　10. 正确

第二章　财务分析参考答案

一、名词解释

1. 财务分析。财务分析是以会计核算和报表资料及其他相关资料为依据，采用一系列专门的分析技术和方法，对企业财务活动过程及结果进行分析和评价，通过了解企业的盈利能力、营运能力、偿债能力和增长能力状况，为企业的投资者、债权人、经营者及其他关心企业的组织或个人了解企业过去、评价企业现状、预测企业未来、做出正确决策提供准确的信息或依据。

2. 比较分析法。比较分析法是通过对比两期或连续数期财务报告中的相同指标，确定其增减变动的方向、数额和幅度，来说明企业财务状况或经营成果变动趋势的一种方法。

3. 比率分析法。比率分析法是通过经济指标之间的对比，求出比率来确定各经济指标间的关系和变动程度，以评价企业财务状况及成果好坏的一种方法。比率分析法包括相关比率分析法、构成比率分析法和效率比率分析法。

4. 趋势分析法。趋势分析法就是分析期与前期或连续数期项目金额的对比，是一种动态的分析。通过趋势分析可以了解企业财务状况、现金流量和经营成果等财务指标的发展趋势。

5. 因素分析法。因素分析法也是财务报表分析常用的一种技术方法，是指把整体分解为若干个局部的分析方法。通过因素分析可以找出影响财务指标变动的因素（原因），通过控制相关因素的变动可以实现财务管理目标或者改善管理工作。

6. 杜邦分析法。杜邦分析法是利用几种主要的财务比率之间的关系来综合地分析企业的财务状况的一种综合分析方法。具体来说，杜邦分析法是一种用来评价公司赢利能力和股东权益回报水平，从财务角度评价企业绩效的一种经典方法。杜邦分析法的基本思想是将企业净资产收益率逐级分解为多项财务比率乘积，这样有助于深入分析比较企业经营业绩。由于这种分析方法最早由美国杜邦公司使用，故命名为杜邦分析法。

7. 沃尔比重评分法。沃尔比重评分法是指将选定的财务比率用线性关系结合起来，并分别给定各自的分数比重，然后通过与标准比率进行比较，确定各项指标的得分及总体指标的累计分数，从而对企业的信用水平做出评价的方法。

二、单项选择题

1. A　2. C　3. B　4. A　5. D　6. B　7. A　8. D　9. C
10. D　11. B　12. A　13. C　14. C　15. C　16. C　17. A　18. B
19. D　20. B

三、多项选择题

1. BCDE　2. BD　3. BCD　4. AD　5. AC
6. ACD　7. CD　8. ABC　9. BD　10. ABCDE

四、判断题

1. 正确　2. 错误　3. 错误　4. 错误　5. 错误
6. 错误　7. 正确　8. 错误　9. 错误　10. 正确

五、计算分析题

1. 解：

根据产权比率，负债=0.5×120 000=60 000（元）
根据毛利率，销售额=86 400/20%=432 000（元）
销货成本=432 000-86 400=345 600（元）
平均应收账款=432 000×26.67÷360=32 000（元）
期末应收账款=2×32 000-30 000=34 000（元）
平均存货=销货成本/3=1 152 000（元）
期末存货=2×115 200-163 000==67 400（元）
利润总额=86 400-43 200-利息
利息保障倍数=（43 200-利息+利息）/利息=18
利息=2 400（元）
非流动负债=2 400/6%=40 000（元）
流动负债=60 000-40 000=20 000（元）
速动资产=2.24×20 000=44 800（元）
现金=44 800-5 000-34 000=5 800（元）
流动资产=44 800+67 400=112 200（元）
固定资产=180 000-112 200=67 800（元）
将上述计算结果填入表2-1和表2-2中。

表 2-1　　资产负债表

（2016 年 12 月 31 日）　　单位：元

资产		负债及所有者权益	
流动资产		流动负债	20 000
现金	5 800	长期负债（利息率为 6% 的长期应付债券）	40 000
有价证券	5 000	负债合计	60 000
应收账款	34 000	实收资本	40 000
存货	67 400	资本公积	20 000
流动资产合计	112 200	盈余公积	40 000
固定资产（净值）	67 800	未分配利润	20 000
		所有者权益合计	120 000
资产总计	180 000	负债及所有者权益总计	180 000

表 2-2　　利润表

（2016 年）　　单位：元

销售净额	432 000
销货成本	345 600
经营利润	86 400
营业费用	43 200
财务费用（公司债利息）	2 400
利润总额	40 800
所得税（50%）	20 400
净利润	20 400

2. 解：

（1）流动比率＝(176+20−8)/(80+12)＝2.04

速动比率＝88/92＝0.96

（2）流动比率＝(188−15)/(92+10)＝1.70

速动比率＝(88−15)/102＝0.72

3. 解：

（1）资产负债率＝350/700＝50%

权益乘数＝1/(1−50%)＝2

（2）总资产周转率＝420/700＝0.6

营业净利率＝63/420＝15%

净资产收益率=63/350=18%

（3）2016 年净资产收益率=16%×0. 5×2. 5=20% ①

第一次替代：15%×0. 5×2. 5=18. 75% ②

第二次替代：15%×0. 6×2. 5=22. 5% ③

第三次替代：15%×0. 6×2=18% ④

②-①=18. 75%-20%=-1. 25%（营业净利率的影响）

③-②=22. 5%-18. 75%=3. 75%（总资产周转率的影响）

④-③=18%-22. 5%=-4. 5%（权益乘数的影响）

第三章 价值原理参考答案

一、名词解释

1. 资金时间价值。资金时间价值是指资金经历一定时间的投资和再投资之后增加的价值。也就是说，资金的时间价值是在周转的过程中形成的，是在参与社会再生产过程中实现价值增值的。

2. 终值。终值（Future Value）也称为未来值，是一定数量的现在货币经过若干期后的本利之和，或者说终值是现在投入的资金在将来某一时点的价值。

3. 现值。现值（Present Value）也称为现在值，是一定数量的未来货币按一定的折现率折合成现在的价值，即资金的现在价值。

4. 单利。单利（Simple Interest）是以期（年、季、月、日等）为单位按本金计算利息。也就是说，其计算过程中只有最初的本金计算利息，利息不计算利息，即不会出现"利滚利"的现象。

5. 复利。复利是指在计算期内，上一期的利息并入下一期的本金中合并计算利息，即利息也要计算利息，因此复利又称为"利滚利"。

6. 年金。年金是指一定时期内每期金额相等的收付款项。年金的特点是收款或付款的金额相等，而且每次收款或付款间隔的时间也相等。因此，年金实质上就是在一定时期内，相等时间间隔发生的一系列等额的收付款项。

二、单项选择题

1. B　2. C　3. B　4. A　5. D　6. C　7. B　8. B　9. B
10. C　11. D　12. C　13. B　14. A　15. A　16. C　17. C　18. D
19. D　20. C

三、多项选择题

1. BCDE　2. ADE　3. ABCD　4. ABC　5. AC
6. BCDE　7. ABDE　8. ABCD　9. ABD　10. BC

四、判断题

1. 错误　2. 错误　3. 正确　4. 错误　5. 正确

6. 正确　　7. 正确　　8. 错误　　9. 正确　　10. 正确

五、计算分析题

1. 解：这是即付年金终值问题。

$F = 5\,000 \times [(F/A, 5\%, 6+1) - 1] = 5\,000 \times (8.142 - 1) = 35\,710$(元)

2. 解：

(1) $FV_{10} = 500 \times (S/A, 3.5\%, 20) = 14\,139.84$(元)

(2) $FV_{10} = 1\,000 \times (S/A, 7.5\%, 10) = 14\,147.09$(元)

(3) 由于计划二的存款终值更多，因此选择计划二

(4) $FV_{10} = 1\,000 \times (S/A, 7\%, 10) = 13\,816.45$(元)

可见，若计划二的年利率变成7%，则计划一更好。

3. 解：这是一个求年金问题。

假设每月的偿付额为 A，则：

$50\,000 = A \times PVIFA_{1\%, 36}$

$A = 1\,660.70$

4. 解：这是一个递延年金问题。

(1) $P = 20 + 20 \times (P/A, 10\%, 9) = 20 + 20 \times 5.759 = 135.18$(万元)

(2) (注意递延期为4年)

$P = 25 \times (P/A, 10\%, 10) \times (P/S, 10\%, 4) = 104.92$(万元)

(3) (注意递延期为3年)

$P = 24 \times [(P/A, 10\%, 13) - (P/A, 10\%, 3)] = 24 \times (7.103 - 2.487)$

$= 110.78$(万元)

该公司应该选择方案二。

5. 解：

(1) $PV = 10\,000(1 + 10\%) - 10 = 3\,855.40$(元)

(2) $PV = 10\,000(1 + 2.5\%) - 40 = 3\,724.30$(元)

(3) $PV = 10\,000e - 10\% \times 10 = 3\,678.80$(元)

6. 解：这是一个求年金现值问题。

$PA = 50\,000 \times 12.462\,2 = 623\,110$(元) $> 500\,000$(元)

因此，应选择一次性付款方式购房。

7. 解：这是一个永续年金问题。

$$P = A \times \frac{1}{i}$$

$P = 1\,000\,000/8\% = 12\,500\,000$(元)

8. 解：参考答案

（1）A 股票的 β 系数为 1.2，B 股票的 β 系数为 1.0，C 股票的 β 系数为 0.8，因此 A 股票相对于市场投资组合的投资风险大于 B 股票，B 股票相对于市场投资组合的投资风险大于 C 股票。

(2) A 股票的必要收益率 = 8% + 1.2 × (12% − 8%) = 12.8%

（3）甲种投资组合的 β 系数 = 1.2×50%+1.0×30%+0.8×20% = 1.06

甲种投资组合的风险收益率 = 1.06×(12%−8%) = 4.24%

（4）乙种投资组合的 β 系数 = 3.4%/(12%−8%) = 0.85

乙种投资组合的必要收益率 = 8%+3.4% = 11.4%

（5）甲种投资组合的 β 系数大于乙种投资组合的 β 系数，说明甲种投资组合的投资风险大于乙种投资组合的投资风险。

9. 解：（1）计算三家公司的收益期望值：

E(甲) = 0.3×40+0.5×20+0.2×5 = 23(万元)

E(乙) = 0.3×50+0.5×20+0.2×(−5) = 24(万元)

E(丙) = 0.5×80+0.5×10+0.2×(−25) = 24(万元)

（2）计算各公司预计年收益与期望年收益的方差：

σ^2(甲) = $(4-23)^2 \times 0.3 + (20-23)^2 \times 0.5 + (5-23)^2 \times 0.2 = 156$(万元)

σ^2(乙) = $(50-24)^2 \times 0.3 + (20-24)^2 \times 0.5 + (-5-24)^2 \times 0.2 = 379$(万元)

σ^2(丙) = $(80-24)^2 \times 0.3 + (10-24)^2 \times 0.5 + (-24-24)^2 \times 0.2 = 1\,519$(万元)

（3）计算各公司预计年收益与期望年收益的标准离差：

σ(甲) = $\sqrt{\delta^2(\text{甲})}$ = 12.49(万元)

σ(乙) = $\sqrt{\delta^2(\text{乙})}$ = 19.47(万元)

σ(丙) = $\sqrt{\delta^2(\text{丙})}$ = 38.95(万元)

（4）计算各公司收益期望值的标准离差率：

q(甲) = 12.49/23 = 0.543

q(乙) = 19.47/24 = 0.811 3

q(丙) = 38.95/24 = 1.622 9

q(甲) < q(乙) < q(丙)，因此应选择甲方案。

第四章　筹资管理参考答案

一、名词解释

1. 企业筹资。企业筹资是指企业作为筹资主体，根据其生产经营、对外投资和调整资本结构等需要，通过各种筹资渠道和金融市场，运用各种筹资方式，经济有效地筹措和集中资本的财务活动。

2. 筹资方式。筹资方式是指企业筹措资金所采用的具体形式。目前，我国企业的筹资方式主要有吸收直接投资、发行股票、利用留存收益、向银行借款、利用商业信用、发行债券、融资租赁七种。

3. 筹资渠道。筹资渠道是指筹措资金的来源与通道，体现资金的来源与流量。目前，我国企业的筹资渠道主要包括国家财政资金、银行信贷资金、非银行金融机构资金、其他企业资金、居民个人资金、企业自留资金、外商资金七种。

4. 股权筹资。股权筹资也称为自有资金筹资，是企业依法筹集并长期拥有、自主调配运用的资金来源，其内容包括投资者投入的资本金和留存收益。企业可以通过吸收直接投资、发行股票、内部积累等方式筹集资金。

5. 债务筹资。债务筹资是通过举债筹集资金，债务资金主要通过银行借款、发行债券、商业信用、融资租赁等方式筹措取得。由于负债要归还本金和利息，因此被称为企业的借入资金或债务资金。

二、单项选择题

1. C　2. C　3. C　4. C　5. A　6. A　7. C　8. B　9. D
10. B　11. D　12. C　13. C　14. C　15. C　16. A　17. D　18. C
19. D　20. A

三、多项选择题

1. CD　2. ABCD　3. ABDE　4. ACE　5. BE
6. AC　7. ABCD　8. CD　9. AB　10. BC

四、判断题

1. 正确　2. 错误　3. 正确　4. 正确　5. 正确

6. 错误　　7. 错误　　8. 错误　　9. 正确　　10. 错误

五、计算分析题

1. 解：

（1）这是采用销售百分比法预测资金需要量的问题。

$$对外筹资需要量=\frac{A}{S_1}\times\triangle S-\frac{B}{S_1}\times\triangle S-EP(S_2)+M$$

式中，A 为随销售变化的敏感性资产，B 为随销售变化的敏感性负债，S_1为基期销售额，S_2为预测期销售额，$\triangle S$ 为销售的变动额，P 为销售净利率，E 为留存收益比率，A/S_1变动资产占基期销售额的百分比，B/S_1为变动负债占基期销售额的百分比，M 为预测期内其他方面需要追加的资金数，如增加固定资产投资等。

由于生产能力已经饱和，因此可假设固定资产需要随着销售的增加而增加。

根据题目所给资料，其中：

$A=100\ 000$(元)

$B=18\ 000+12\ 000=30\ 000$(元)

$S_1=160\ 000$(元)

$\triangle S=160\ 000\times25\%=40\ 000$(元)

$EP(S_2)=160\ 000\times(1+25\%)\times5\%\times(1-15\%)=8\ 500$(元)

$M=0$

因此，对外筹资需要量=25 000-7 500-8 500=9 000（元）

（2）借款额=9 000/（1-10%）=10 000（元）

2. 解：

$$债券发行价格=\frac{债券面额}{(1+市场利率)^n}+\sum_{t=1}^{n}\frac{债券面额\times票面利率}{(1+市场利率)^t}$$

当市场利率为10%时：

发行价格$=100\times(P/F,10\%,3)+100\times12\%\times(P/A,10\%,3)$

$=100\times0.751+100\times12\%\times2.487$

$=104.94$(元)

当市场利率低于票面利率时，企业要溢价发行

当市场利率=票面利率时，同理可计算出发行价100元，即平价发行。

3. 解：这是一个关于放弃现金折扣成本问题。

$$放弃折扣成本率=\frac{现金折扣率}{1-现金折扣率}\times\frac{360}{信用期-折扣期}\times100\%$$

放弃现金折扣，在信用期内付款，则企业可获得最长为30天的免费信用，其信用额度为100元，但由于放弃现金折扣，从而其机会成本为：

$$放弃折扣成本率 = \frac{2\%}{1-2\%} \times \frac{360}{30-10} \times 100\% = 36.7\%$$

一般来说，银行借款年利率无论如何也达不到这一比率。因此，除非特殊情形，企业一般还是以享有现金折扣为好。

4. 解：

$$加息贷款实际利率 = \frac{贷款额 \times 利息率}{贷款额 \div 2} \times 100\% = 10\% \times 2 = 20\%$$

第五章　资本成本与资本结构参考答案

一、名词解释

1. 资本成本。资本成本是企业筹集和使用资本而承付的代价，包括股权资本和长期债权资本。

2. 加权平均资本成本。加权平均资本成本是指企业全部长期资本成本的总成本，通常以各种资本占全部资本的比重为权数，对个别资本成本进行加权平均确定。

3. 成本习性。成本习性是指成本总额与业务量之间在数量上的依存关系。

4. 固定成本。固定成本是指其总额在相关范围内，不直接受业务量变动的影响而固定不变的成本。

5. 变动成本。变动成本是指其总额会随业务量的变动而成正比例变动的成本。

6. 经营杠杆。经营杠杆是指由于固定性经营成本的存在，而使得企业的资产报酬（息税前利润）变动率大于业务量变动率的现象。

7. 财务杠杆。财务杠杆是指由于固定性资本成本的存在，而使得企业的普通股收益（或每股收益）变动率大于息税前利润变动率的现象。

8. 复合杠杆。复合杠杆是指由于固定经营成本和固定资本成本的存在，导致普通股每股收益变动率大于产销业务量的变动率的现象。

9. 资本结构。资本结构是指企业各种资本的构成及其比例关系。

二、单项选择题

1. C　2. A　3. D　4. A　5. A　6. C　7. B　8. B　9. C
10. C　11. A　12. A　13. C　14. A　15. A　16. D　17. D　18. D
19. A　20. B

三、多项选择题

1. ABD　2. BC　3. AD　4. AB　5. ABCDE
6. BCE　7. BCD　8. ACE　9. BC　10. CD

四、判断题

1. 错误　2. 错误　3. 正确　4. 错误　5. 正确

6. 错误　　7. 正确　　8. 正确　　9. 正确　　10. 正确

五、计算分析题

1. 解：财务杠杆系数=160÷［160−1 000×40%×12%］=1.43

2. 解：债券的资本成本=［10%×(1−33%)］÷(1−2%)×100%=6.84%

债券筹资额在资本总额中所占比重=1 000÷2 500×100%=40%

优先股的资本成本=12%÷(1−3%)×100%=12.37%

优先股筹资额在资本总额中所占比重=500÷2 500×100%=20%

普通股的资本成本=10%÷(1−4%)+4%=14.42%

普通股筹资额在资本总额中所占比重=1 000÷2 500×100%=40%

该方案综合资本成本=6.84%×40%+12.37%×20%+14.42%×40%=10.978%

3. 解：

（1）债券的资本成本=［1 000×11%×(1−25%)］÷［1 125×(1−5%)］×100%=7.72%

（2）普通股的资本成本=1.8÷［27.5×(1−5%)］+7%=13.89%

（3）优先股的资本成本=(150×9%)÷［175×(1−12%)］×100%=8.77%

4. 解：

(1) $[(EBIT-20)\times(1-33\%)]\div(10+5)=[(EBIT-20-40)\times(1-33\%)]\div10$

$EBIT=140$(万元)

（2）由于预计实现的息税前利润（160万元）大于 *EBIT*（140万元），因此应选择长期债务筹资方案，即方案二进行筹资。

5. 解：

(1) *A* 公司产品的经营杠杆系数 = [10 000 × (50 − 30)] ÷ [10 000 × (50 − 30) − 150 000] = 4

（2）2017年实现目标利润的销售量变动率=［180 000−15 000×(50−30)−150 000］÷［15 000×(50−30)−150 000］÷4×100%=5%

6. 解：

（1）

发行债券筹资后每股收益=［(1 600+400−3 000×10%−4 000×11%)×(1−40%)］÷800=0.945(元)

发行优先股筹资后每股收益=［(1 600+400−3 000×10%)×(1−40%)−4 000×12%］÷800=0.675(元)

发行普通股筹资后每股收益=［(1 600+400−3 000×10%)×(1−40%)］÷(800+4 000÷20)=1.02(元)

(2)

$[(EBIT-300)\times(1-40\%)]\div(800+200)=[(EBIT-300-440)\times(1-40\%)]\div 800$

$EBIT=2\ 500$(万元)

$[(EBIT-300)\times(1-40\%)]\div(800+200)=[(EBIT-300)\times(1-40\%)-480]\div 800$

$EBIT=4\ 300$(万元)

(3)

发行债券筹资后的财务杠杆系数 $=(1\ 600+400)\div[(1\ 600+400)-300-440]=1.587\ 3$

发行优先股筹资后的财务杠杆系数 $=(1\ 600+400)\div[(1\ 600+400)-300-480\div(1-40\%)]=2.222\ 2$

发行普通股筹资后的财务杠杆系数 $=(1\ 600+400)\div[(1\ 600+400)-300]=1.176\ 5$

由于发行普通股筹资的每股收益最大，财务风险最低，因此应该选择按 20 元/股的价格增发普通股进行资金筹集。

第六章　证券投资管理参考答案

一、名词解释

1. 证券投资。证券投资是指投资者（法人或自然人）购买股票、债券、基金券等有价证券以及这些有价证券的衍生产品以获取红利或利息的投资行为，是直接投资的重要形式。

2. 股票投资。股票投资是指投资者将资金投向于股票，通过股票的买卖获取收益的投资行为。

3. 债券投资。债券投资是指投资者购买债券以取得资金收益的一种投资活动。

4. 基金投资。基金投资是指投资者通过购买基金股份或收益凭证来获取收益的投资方式。

5. 期货投资。期货投资是投资者通过买卖期货合约躲避价格风险或赚取利润的一种投资方式。

6. 期权投资。期权投资是指为了实现盈利目的或者规避风险而进行期权买卖的一种投资方式。

7. 证券组合投资。证券组合投资是指企业将资金同时投资于多种证券。

二、单项选择题

1. A　2. A　3. B　4. A　5. A　6. C　7. C　8. C　9. B
10. A　11. B　12. C　13. D　14. D　15. A　16. A　17. A　18. A
19. B　20. B

三、多项选择题

1. AB　2. ABD　3. ABCD　4. BC　5. ABD
6. AC　7. ABCD　8. CD　9. BC　10. ABC

四、判断题

1. 正确　2. 错误　3. 错误　4. 错误　5. 错误
6. 错误　7. 错误　8. 错误　9. 正确　10. 正确

五、计算分析题

1. 解：

（1）M公司股票价值=[0.15×(1+6%)]÷(8%−6%)=7.95(元)

N公司股票价值=0.6÷8%=7.5(元)

（2）由于M公司股票的市场价格（9元）大于股票的价值（7.95元），因此不能购买M公司股票进行投资；而N公司股票的市场价格（7元）小于股票的价值（7.5元），因此应该购买N公司股票进行投资。

2. 解：

（1）购买甲公司债券的价值=1 000×(P/F,6%,5)+1 000×8%×(P/A,6%,5)

=1 000×0.747 3+80×4.212 4

=747.3+336.99

=1 084.29(元)

购买甲公司债券的收益率=[80+(1 000−1 041)÷5]÷[(1 000+1 041)÷2]×100%

=71.8÷1 020.5×100%

=7.04%

（2）购买乙公司债券的价值=1 000×(1+8%×5)×(P/F,6%,5)

=1 400×0.747 3

=1 046.22(元)

购买乙公司债券的收益率=[80+(1 000−1 050)÷5]÷[(1 000+1 050)÷2]×100%

=70÷1 025×100%

=6.83%

（3）购买丙公司债券的价值=1 000×(P/F,6%,5)

=1 000×0.747 3

=747.3(元)

（4）由于购买甲公司债券进行投资，债券的内在价值（1 084.29元）都大于市场价格（1 041元），所获得的投资收益率（7.04%）也大于必要的投资收益率（6%），因此投资有价值；由于购买乙公司债券进行投资，债券的内在价值（1 046.22元）小于市场价格（1 050元），虽然所获得的投资收益率（6.83%）大于必要投资收益率（6%），但与购买价公司债券比较收益要差一些；而购买丙公司债券进行投资，债券的内在价值（747.3元）小于市场价格（750元），投资没有价值。综上所述，A公司应该购买甲公司债券进行投资。

3. 解：

（1）该证券组合投资的风险报酬率 = (50% × 1.2 + 30% × 1.0 + 20% × 0.8) × (10% − 8%)

= 1.06×2%

= 2.12%

（2）该证券组合投资的必要收益率 = 8% + [50%×1.2+30%×1.0+20%×0.8]×(10% − 8%)

= 8%+2.12%

= 10.12%

第七章 项目投资管理参考答案

一、名词解释

1. 项目投资。项目投资是指以特定建设项目为投资对象，为了新增或更新生产经营能力的长期资本资产投资行为。

2. 项目计算期。项目计算期是指项目从投资建设开始到最终清理结束整个过程的全部时间，包括建设期和经营期。

3. 项日投资额。项目投资额是投入到项目建设和经营中的投资数额，在项目构建完成后形成固定资产原值，项目投资额包括原始投资额和建设期资本化利息。

4. 项目投资现金流量。项目投资现金流量是指在投资决策中一个项目引起的企业现金流出和现金流入增加的数量。

5. 净现值法。净现值法是指特定方案未来现金流入量的现值与未来现金流出量的现值之间的差额。

6. 现值指数法。现值指数法是指未来现金流入现值与现金流出现值之比，即投资项目未来报酬的总现值与全部投资额的总现值之比。

7. 内含报酬率法。内含报酬率法是指能够使未来现金流入量的现值等于现金流出量现值的贴现率，也就是使投资项目的净现值等于零时的贴现率。

二、单项选择题

1. A　2. B　3. C　4. B　5. B　6. A　7. C　8. C　9. A
10. A　11. A　12. A　13. C　14. D　15. C　16. B　17. B　18. B
19. B　20. A

三、多项选择题

1. ABC　2. AB　3. ABCD　4. BCD　5. ABD
6. ACD　7. ACD　8. ABCD　9. ABCD　10. ABCD

四、判断题

1. 错误　2. 错误　3. 错误　4. 错误　5. 错误
6. 错误　7. 错误　8. 错误　9. 错误　10. 正确

五、计算分析题

1. 解：

(1)

A＝－900+600＝－300

B＝100－(－300)＝400

假设折现率为 r，则根据表中的数据可知：

$180 = 200 \times (1 + r)^{-1}$

$(1 + r)^{-1} = 0.9$

$(1 + r)^{-2} = 0.81$

C＝100×0.81＝81

(2)

①静态投资回收期。

包括建设期的投资回收期＝3+300÷400＝3.75（年）

不包括建设期的投资回收期＝3.75－1＝2.75（年）

②净现值＝－800－180+81+437.4+262.44+590.49＝391.33（万元）

③原始投资＝800+200＝1 000（万元）

原始投资现值＝800+180＝980（万元）

④净现值率＝391.33÷980＝0.40

⑤获利指数＝1+0.40＝1.40

或获利指数＝(81+437.4+262.44+590.49)÷980＝1.40

(3) 根据上述计算结果可知，主要指标处于可行区间，而次要指标处于不可行区间，因此该项目基本上具有财务可行性。

2. 解：

(1) 项目的初始投资额＝100 000（元）

(2) 项目第 2 年的调整所得税＝20 000×25%＝5 000（元）

税前净现金流量＝税后净现金流量+调整所得税＝35 000+5 000＝40 000（元）

税前净现金流量＝息税前利润+折旧＝20 000+折旧

第 2 年的折旧＝40 000－20 000＝20 000（元）

由于是直线法计提折旧，因此运营期内其他各年的折旧也是 20 000 元。

(3) 第 6 年的调整所得税＝20 000×25%＝5 000（元）

税前净现金流量＝税后净现金流量+调整所得税＝38 000+5 000＝43 000（元）

第 6 年的税前净现金流量＝息税前利润+折旧+回收的固定资产净残值

20 000+20 000+回收的固定资产净残值＝43 000

回收的固定资产净残值＝3 000（元）

（4）计提的折旧总额＝20 000×5＝100 000（元）

由于回收的固定资产净残值＝3 000（元）

因此固定资产原值＝100 000+3 000＝103 000（元）

固定资产原值＝固定资产投资额+建设期资本化利息

固定资产投资额+建设期资本化利息＝103 000

100 000+建设期资本化利息＝103 000

建设期资本化利息＝3 000（元）

（5）运营期年均息税前利润＝（20 000×2+30 000×3）÷5＝26 000（元）

项目总投资＝初始投资额+建设期资本化利息＝103 000（元）

投资收益率＝26 000÷103 000×100%＝25.24%

3. 解：

（1）本题属于完整的工业投资项目。

初始投资额＝450+50+8+22＝530（万元）

（2）经营成本＝40+5+0.8+4.2＝50（万元）

（3）应纳增值税＝（140−40）×17%＝17（万元）

应纳消费税＝140×10%＝14（万元）

（4）税金及附加＝14+(17+14)×(7%+3%)＝17.1(万元)

（5）不包括财务费用的总成本费用＝经营成本+折旧+摊销

投产后第1年不包括财务费用的总成本费用＝50+75+10+8＝143（万元）

投产后第2~5年不包括财务费用的总成本费用＝50+75+10＝135（万元）

投产后第6年不包括财务费用的总成本费用＝50+75＝125（万元）

（6）息税前利润＝营业收入−不包括财务费用的总成本费用−税金及附加

投产后第1年的息税前利润＝190−143−17.1＝29.9（万元）

投产后第2~5年每年的息税前利润＝190−135−17.1＝37.9（万元）

投产后第6年的息税前利润＝190−125−17.1＝47.9（万元）

(7) $NCF_0 = -450$(万元)

$NCF_1 = 0$

$NCF_2 = -(50 + 8 + 22) = -80$(万元)

运营期某年所得税后净现金流量＝该年息税前利润×(1−20%)+该年折旧与摊销+该年回收额

$NCF_3 = 29.9 \times (1 - 20\%) + 75 + 10 + 8 = 116.92$(万元)

$NCF_{4\sim7} = 37.9 \times (1 - 20\%) + 75 + 10 = 115.32$(万元)

$NCF_8 = 47.9 \times (1 - 20\%) + 75 + 12 + 22 = 147.32$(万元)

4. 解：

（1）更新设备比继续使用旧设备增加的投资额＝165 000−10 000＝155 000（元）

（2）运营期因更新设备而每年增加的折旧=（155 000−5 000）÷5=30 000（元）

（3）因旧设备提前报废发生的处理固定资产净损失=40 000−10 000=30 000（元）

（4）运营期第1年因旧设备提前报废发生净损失而抵减的所得税额=30 000×25%
=7 500（元）

（5）建设起点的差量净现金流量$\triangle NCF_0$=−155 000（元）

（6）运营期第1年的差量净现金流量$\triangle NCF_1$=14 000×（1−25%）+30 000+7 500
=48 000（元）

（7）运营期第2~4年每年的差量净现金流量$\triangle NCF_{2\sim4}$=18 000+30 000
=48 000（元）

（8）运营期第5年的差量净现金流量$\triangle NCF_5$=13 000+30 000+5 000
=48 000（元）

（9）155 000=48 000×(P/A, ΔIRR, 5)

即$(P/A,\Delta IRR,5) = 3.2292$

查表可知：

$(P/A,18\%,5) = 3.1272$

$(P/A,16\%,5) = 3.2743$

即$(3.2743 - 3.2292) \div (3.2743 - 3.1272) = (16\% - \Delta IRR) \div (16\% - 18\%)$

$0.0451 \div 0.1471 = (16\% - \Delta IRR) \div (-2\%)$

$\Delta IRR = 16.61\%$

由于差额投资内部收益率16.61%高于投资人要求的最低报酬率10%，因此应该替换旧设备。

5. 解：

（1）在建设期起点发生投资（NCF_0不等于零）的情况下，用插入函数法求出的净现值与实际净现值相差一年，需要调整。调整后的净现值=按插入函数法求得的净现值×（$1+i$）。因此：

甲方案真实的净现值=18×(1+10%)=19.8（万元）

（2）乙方案的净现值$= 50 \times (P/A,10\%,3) \times (P/F,10\%,1) - 100 = 13.04$(万元)

（3）甲方案的年等额净回收额$= 19.8 \div (P/A,10\%,6) = 4.55$(万元)

乙方案的年等额净回收额$= 13.04 \div (P/A, 10\%, 4) = 4.11$(万元)

结论：应该选择甲方案。

（4）4和6的最小公倍数为12。

用方案重复法计算的甲方案的净现值$= 19.8 + 19.8 \times (P/F,10\%,6) = 30.98$(万元)

用方案重复法计算的乙方案的净现值$= 13.04 + 13.04 \times (P/F,10\%,4) + 13.04 \times (P/F,10\%,8) = 28.03$(万元)

结论：应该选择甲方案。

(5) 最短计算期为 4 年。

用最短计算期法计算的甲方案的净现值 $= 19.8 \div (P/A, 10\%, 6) \times (P/A, 10\%, 4)$

$= 14.41$(万元)

用最短计算期法计算的乙方案的净现值 $= 13.04$(万元)

结论：应该选择甲方案。

第八章　营运资金管理参考答案

一、名词解释

1. 营运资金。营运资金是指流动资产减去流动负债后的余额。

2. 最佳现金持有量。最佳现金持有量是指既能将企业的不能支付风险控制在较低水平，又能避免过多地占用现金，使持有现金的总成本最低的现金持有量。

3. 信用标准。信用标准代表企业愿意承担的最大的付款风险的金额，是客户获得企业商业信用所应具备的最低条件。

4. 信用条件。信用条件是销货企业要求赊购客户支付货款的条件，由信用期限和现金折扣两个要素组成。

5. 信用期间。信用期间是企业允许顾客从购货到付款之间的时间，或者说是企业给予顾客的付款期间。

6. 应收账款保理。应收账款保理是企业将赊销形成的未到期应收账款在满足一定条件的情况下，转让给保理商，以获得银行的流动资金支持，加快资金的周转。

7. 经济订货批量。经济订货批量是指在保证生产经营需要的前提下能使一定时期内存货相关总成本最低的采购批量。

8. 存货 ABC 控制法。存货 ABC 控制法是根据各种存货在全部存货中的重要程度对存货进行分类、排队、分等级、有重点地管理和控制的一种方法。

二、单项选择题

1. A　2. C　3. B　4. A　5. C　6. B　7. D　8. C　9. B
10. A　11. D　12. C　13. D　14. D　15. B　16. D　17. C　18. D
19. C　20. D

三、多项选择题

1. ACD　2. BD　3. ABCD　4. ACD　5. ABCD
6. AB　7. BCD　8. ACD　9. ABC　10. ACD

四、判断题

1. 错误　2. 正确　3. 错误　4. 正确　5. 错误

6. 正确　　7. 正确　　8. 错误　　9. 错误　　10. 错误

五、计算分析题

1. 解：

（1）最佳现金持有量 $=\sqrt{2\times100\ 000\times800\div10\%}=40\ 000$（元）

（2）最低现金管理总成本 $=\sqrt{2\times100\ 000\times800\times10\%}=4\ 000$（元）

或最低现金管理总成本 $=(40\ 000\div2)\times10\%+(100\ 000\div40\ 000)\times800=4\ 000$（元）

（3）转换成本 $=(40\ 000\div2)\times10\%=2\ 000$（元）

持有机会成本 $=(100\ 000\div40\ 000)\times800=2\ 000$（元）

（4）有价证券交易次数 $=100\ 000\div40\ 000=2.5$（次）

有价证券交易间隔期 $=360\div2.5=144$（天）

2. 解：

分散收账收益净额 $=(300-250)\times20\%-8=2$（万元）

因此该公司应该采用银行业务集中法收账。

3. 解：

方案一：

收益 $=5\ 000\times(1-60\%)=2\ 000$（万元）

坏账成本 $=5\ 000\times3\%=150$（万元）

收账费用 $=60$（万元）

机会成本 $=(5\ 000\div360)\times45\times60\%\times10\%=37.5$（万元）

收益成本差额 $=2\ 000-(150+60+37.5)=1\ 752.5$（万元）

方案二：

收益 $=5\ 000\times(1-60\%)=2\ 000$（万元）

坏账成本 $=5\ 000\times2\%=100$（万元）

收账费用 $=55$（万元）

平均收账期 $=60\%\times10+20\%\times30+20\%\times45=21$（天）

机会成本 $=(5\ 000\div360)\times21\times60\%\times10\%=17.5$（万元）

现金折扣成本 $=5\ 000\times60\%\times2\%+5\ 000\times20\%\times1\%=70$（万元）

收益成本差额 $=2\ 000-(100+55+17.5+70)=1\ 757.5$（万元）

由于方案二的净收益（1 757.5 万元）大于方案一的净收益额（1 752.5 万元），因此该公司应选择方案二。

4. 解：

（1）首先不考虑数量折扣，计算不享受数量折扣条件下的经济进货批量。

此时存货的相关总成本 $=10\times80\ 000+80\ 000\div1\ 600\times160+1\ 600\div2\times10=816\ 000$（元）

（2）如果享受现金折扣，则分别计算如下：

①若进货批量为 2 000 件，享受 3%的折扣。

此时的存货相关总成本 = 10×(1−3%)×80 000+80 000÷2 000×160+2 000÷2×10
= 792 400（元）

②若进货批量为 4 000 件，享受 5%的折扣。

此时的存货相关总成本 = 10×(1−5%)×80 000+80 000÷4 000×160+4 000÷2×10
= 783 200（元）

因为当进货批量为 4 000 件时，存货相关总成本最低，所以此时的进货批量 4 000 件为经济进货批量。

第九章 收益分配管理参考答案

一、名词解释

1. 收益分配管理。收益分配管理是对企业收入与分配活动及其形成的财务关系的组织与调节，是财务管理的重要内容，有广义的收益分配和狭义的收益分配两种。广义的收益分配是指对企业收入和利润进行分配的过程；狭义的收益分配则是指对企业净利润的分配。

2. 股利政策。股利政策是指公司在平衡内外部相关集团利益的基础上，对于是否发放股利、发放多少股利以及何时发放股利等方面采取的基本态度和方针政策，主要涉及公司对其利益进行分配还是留存用于再投资的决策问题。

3. 剩余股利政策。剩余股利政策是指公司在有良好的投资机会时，根据目标资本结构测算出投资所需的权益资本额，先从盈余中留用，然后将剩余的盈余作为股利来分配，即净利润首先满足公司的资金需求，如果还有剩余就派发股利，如果没有，则不派发股利。

4. 固定股利支付率政策。固定股利支付率政策是公司确定固定的股利支付率，并长期按此比率从净利润中支付股利的政策。

5. 固定股利或稳定的股利政策。固定股利或稳定的股利政策是公司将每年派发的股利额固定在某一特定水平上，然后在一段时间内不论公司的盈利情况和财务状况如何，派发的股利额均保持不变。只有当企业对未来利润增长确有把握，并且这种增长被认为是不会发生逆转时，才增加每股股利额。

6. 低正常股利加额外股利政策。低正常股利加额外股利政策是公司事先设定一个较低的经常性股利额，一般情况下，公司每期都按此金额支付正常股利，只有企业盈利较多时，再根据实际情况发放额外股利。

7. 股权登记日。股权登记日是指有权领取股利的股东资格登记截止日期。只有这一日在公司股东名册上登记有名的股东，方有权领取最近一次发放的股利。

8. 除息日。除息日是除去股利的日期，也就是领取股利的权利和股票相互分离的日期。在除息日前，股利包含在股票的价格之中，该股票称为含权股（含息股），持有股票就享有获取股利的权利。

9. 股票分割。股票分割又称拆股，是公司管理当局将某一特定数额的新股按一定比例交换一定数量的流通在外普通股的行为。

10. 股票回购。股票回购是指股份公司出资将其发行流通在外的股票以一定价格购回予以注销或作为库存股的一种资本运作方式。

二、单项选择题

1. B　2. C　3. B　4. B　5. D　6. C　7. B　8. D　9. C
10. A　11. B　12. D　13. C　14. C　15. C　16. B　17. D　18. D
19. B　20. A

三、多项选择题

1. BC　2. BCD　3. AB　4. BCD　5. ABC
6. BD　7. BC　8. AD　9. BCD　10. CD
11. AB　12. ABC　13. AB　14. BD　15. ABCD

四、判断题

1. 正确　2. 正确　3. 错误　4. 正确　5. 错误
6. 错误　7. 错误、　8. 正确　9. 错误　10. 错误
11. 正确　12. 正确　13. 正确　14. 错误　15. 正确
16. 正确　17. 错误　18. 错误　19. 错误　20. 错误

五、计算分析题

1. 解：

（1）A 公司投资所需自有资金数额＝900×80%＝720（万元）

（2）A 公司投资需从外部筹集的资金数额＝900−720＝180（万元）

（3）A 公司 2016 年度可供向投资者分配的利润＝2 000−720＝1 280（万元）

2. 解：

投资需要筹集自有资金的数额＝6 000/1. 5＝4 000（万元）

需要从外部筹集自有资金的数额＝4 000−(4 000−500)＝500（万元）

3. 解：

股本＝300+300×10%＝330（万元）

资本公积＝500+300×10%×（9−1）＝740（万元）

未分配利润＝1 500−300×10%×9＝1 230（万元）

4. 解：

该公司第二年投资计划所需权益资金＝800 000×50%＝400 000（元）

该年度股东可获得的每股股利＝（500 000−400 000）/100 000＝1（元）

5. 解：

（1）2017 年该公司需从外部筹集自有资金的数额 = 1 000×80%−(1 000−300)

= 100（万元）

（2）可向股东分配股利 = 1 000−1 000×80% = 200（万元）

第十章 财务预算管理参考答案

一、名词解释

1. 财务预算。财务预算是反映企业未来一定预算期内预计财务状况和经营成果以及现金收支等价值指标的各种预算的总称。具体包括现金预算、预计损益表、预计资产负债表和预计现金流量表。

2. 弹性预算。弹性预算又称变动预算，与固定预算相对应，是根据预算期内一系列可能达到的预计业务量水平编制的能适应多种情况的预算。

3. 零基预算。零基预算又称零底预算，与增量（或减量）预算相对应，是以零为基础编制的预算。其基本原理为：编制预算时一切从零开始，从实际需要与可能出发，像对待决策项目一样，逐项审议各项成本费用开支是否必要合理，进行综合平衡后确定各种成本费用项目的预算数额。

4. 滚动预算。滚动预算又称连续预算或永续预算，与定期预算相对应，是在编制预算时，将预算期与会计年度脱离，随着预算的执行不断延伸补充预算，逐期向后滚动，使预算期永远保持为一个固定期间的一种预算编制方法。

5. 财务控制。财务控制是指企业按照一定的程序与方法，确保企业及其内部机构和人员全面落实和实现财务预算，实现对企业资金的取得、投放、使用和分配过程的控制。

6. 责任中心。责任中心是承担一定的经济责任，并享有一定权力和利益的内部单位（或责任单位）。责任中心是一个责、权、利相结合的实体，具有承担经济责任的条件以及相对独立的经营业务和财务收支活动。

7. 成本中心。成本中心指对成本或费用承担责任的责任中心。由于成本中心通常不会形成以货币计量的收入，因此不需对收入、利润或投资负责。

8. 利润中心。利润中心是对利润负责的责任中心。由于利润是收入减去成本费用之差，因此利润中心是指既对成本负责又对收入和利润负责的责任单位。

9. 投资中心。投资中心是指既要对成本、收入和利润负责，又要对投资效果负责的责任中心。

10. 内部转移价格。内部转移价格是企业内部各责任中心之间由于相互提供产品或劳务而发生内部结算以及进行责任转账所采用的计价标准。

二、单项选择题

1. B　2. C　3. D　4. C　5. A　6. B　7. A　8. C　9. D
10. B　11. B　12. D　13. B　14. C　15. D　16. A　17. B　18. C
19. B　20. D

三、多项选择题

1. CD　2. AB　3. AC　4. ABD　5. ABD
6. ACD　7. CD　8. ABCD　9. ABD　10. BC

四、判断题

1. 正确　2. 错误　3. 错误　4. 错误　5. 错误
6. 错误　7. 错误　8. 错误　9. 正确　10. 错误

五、计算分析题

1. 解：

（1）编制 M 公司 2017 年度销售预算如表 10-2 所示。

表 10-2　　M 公司 2017 年度销售预算　　单位：元

季度	第一季度	第二季度	第三季度	第四季度	全年
预计销售量（件）	100	150	200	180	630
预计单位售价	200	200	200	200	200
销售收入	20 000	30 000	40 000	36 000	126 000
预计现金收入	—	—	—	—	—
上年应收账款	6 200				6 200
第一季度	12 000	8 000			20 000
第二季度		18 000	12 000		30 000
第三季度			24 000	16 000	40 000
第四季度				21 600	21 600
现金收入合计	18 200	26 000	36 000	37 600	117 800

（2）M 企业 2017 年年末应收账款数额 = 36 000×40% = 14 400（元）

2. 解：

编制 M 公司的生产预算如表 10-3 所示。

表 10-3 生产预算 单位：件

季度	第一季度	第二季度	第三季度	第四季度	全年
预计销售量	100	150	200	180	630
加：预计期末产成品存货	15	20	18	20	
合计					
减：预计期初产成品存货	10	15	20	18	
预计生产量	105	155	198	182	640

3. 解：

（1）编制材料预算如表 10-4 所示。

表 10-4 材料预算 金额单位：元

季度	第一季度	第二季度	第三季度	第四季度	全年
预计生产量（件）	105	155	198	182	640
单位产品材料用量（千克/件）	10	10	10	10	10
生产需用量（千克）	1 050	1 550	1 980	1 820	6 400
加：预计期末存量（千克）	310	396	364	400	
减：预计期初存量（千克）	300	310	396	364	
预计材料采购量（千克）	1 060	1 636	1 948	1 856	6 500
单价（元/千克）	5	5	5	5	5
预计采购金额（元）	5 300	8 180	9 740	9 280	32 500
预计现金支出					
上年应付账款	2 350				2 350
第一季度	2 650	2 650			5 300
第二季度		4 090	4 090		8 180
第三季度			4 870	4 870	9 740
第四季度				4 640	4 640
合计	5 000	6 740	8 960	9 510	30 210

（2）年末应付账款余额 = 9 280×50% = 4 640（元）

4. 解：

编制直接人工预算如表 10-5 所示。

表 10-5　　直接人工预算

季度	第一季度	第二季度	第三季度	第四季度	全年
预计产量（件）	105	155	198	182	640
单位产品工时（小时/件）	10	10	10	10	10
人工总工时（小时）	1 050	1 550	1 980	1 820	6 400
每小时人工成本（元/小时）	2	2	2	2	2
人工总成本（元）	2 100	3 100	3 960	3 640	12 800

5. 解：

（1）编制制造费用预算表如表 10-6 所示。

表 10-6　　制造费用预算　　单位：元

季度	第一季度	第二季度	第三季度	第四季度	全年
变动制造费用：	—	—	—	—	—
间接人工	105	155	198	182	640
间接材料	105	155	198	182	640
修理费	210	310	396	364	1 280
水电费	105	155	198	182	640
小计	525	775	990	910	3 200
固定制造费用：	—	—	—	—	—
修理费	1 000	1 140	900	900	3 940
折旧	1 000	1 000	1 000	1 000	4 000
管理人员工资	200	200	200	200	800
保险费	75	85	110	190	460
财产税	100	100	100	100	400
小计	2 375	2 525	2 310	2 390	9 600
合计	2 900	3 300	3 300	3 300	12 800
减：折旧	1 000	1 000	1 000	1 000	4 000
现金支出的费用	1 900	2 300	2 300	2 300	8 800

（2）计算预算的变动制造费用小时费用分配率和固定制造费用小时费用分配率。

变动制造费用小时费用分配率 = 3 200/(640×10) = 0.5

固定制造费用小时费用分配率 = 9 600/(640×10) = 1.5

6. 解：编制产品成本预算如表 10-7 所示。

表 10-7 产品成本预算 单位：元

项目	单位成本			生产成本	期末存货	销货成本
	每千克或每小时	投入量	成本			
直接材料	5	10	50	32 000	1 000	31 500
直接人工	2	10	20	12 800	400	12 600
变动制造费用	0.5	10	5	3 200	100	3 150
固定制造费用	1.5	10	15	9 600	300	9 450
合计			90	57 600	1 800	56 700

7. 解：填写表 10-8 中空格的位置。

表 10-8 预算表 单位：元

季度	第一季度	第二季度	第三季度	第四季度	全年
期初现金余额	8 000	3 200	3 060	3 040	8 000
加：现金收入（销售预算）	18 200	26 000	36 000	37 600	117 800
可供使用现金	26 200	29 200	39 060	40 640	125 800
减：现金支出	—	—	—	—	—
直接材料（直接材料预算）	5 000	6 740	8 960	9 510	30 210
直接人工（直接人工预算）	2 100	3 100	3 960	3 640	12 800
制造费用（制造费用预算）	1 900	2 300	2 300	2 300	8 800
销售及管理费用（销售及管理费用预算）	5 000	5 000	5 000	5 000	20 000
所得税费用（预计数）	4 000	4 000	4 000	4 000	16 000
购买设备（资本支出预算）	50 000	—	—	80 000	130 000
股利	—	—	—	8 000	8 000
现金支出合计	68 000	21 140	24 220	112 450	225 810
现金余缺	（41 800）	8 060	14 840	（71 810）	（100 010）
现金筹措与运用	—	—	—	—	—
借入长期借款（资本支出预算）	30 000	—	—	60 000	90 000
取得短期借款	20 000①			22 000	42 000
归还短期借款			（6 800）		（6 800）

表10-8(续)

季度	第一季度	第二季度	第三季度	第四季度	全年
短期借款利息	(500)②	(500)	(500)	(880)	(2 380)
长期借款利息	(4 500)③	(4 500)	(4 500)	(6 300)	(19 800)
期末现金余额	3 200	3 060	3 040	3 010	3 010

注：-41 800+30 000+①-①×10%÷4-4 500≥3 000

①=20 000

②=20 000×10%/4=500

③=(120 000+30 000)×12%/4=4 500

8. 解：

(1) 利润中心贡献毛收益总额=5 000×（1-60%）=2 000（万元）

利润中心负责人可控利润总额=2 000-（75-25）=1 950（万元）

利润中心可控利润总额=1 950-25=1 925（万元）

(2) 该公司要求的最低投资利润率=（1 925-50）/2 500=75%

第十一章　特殊业务财务管理参考答案

一、名词解释

1. 公司并购。公司并购是公司合并与收购的统称，是指在市场机制的作用下，企业通过产权交易获得其他企业产权并企图获得其控制权的经济行为。

2. 现金流量贴现法。现金流量贴现法，即拉巴波特模型，是公司并购中评估企业价值最常用的科学方法。该方法是根据目标公司被并购后各年的现金流量，按照一定的折现率所折算的现值，作为目标公司价值（不包括非营运资产的价值）的一种评估方法。

3. 市盈率法。市盈率法是表示一个企业股票收益和股票市值之间的关系，即用目标企业被并购后所带来的预期年税后利润测算目标企业价值的一种评估方法，主要适用于上市公司，尤其是采用股票并购方式的并购活动。

4. 股利法。股利法是根据并购后预期可获得的年股利额和年股利率计算确定目标公司价值的一种评估方法。

5. 股票市价法。股票市价法是利用目标公司股票的市场价格评估其净资产价值的一种方法。如果目标公司的股票在证券交易所上市并广泛交易，其市值总额就可视为目标公司的股权价值。股票市价法可以直接用于上市公司价值的评估。

6. “毒丸计划”。“毒丸计划”是指目标公司为避免被其他公司收购，采取一些会对自身造成严重伤害的行动，以降低自己的吸引力。

7. 公司重组。公司重组又叫公司重整，是指对陷入财务危机，但仍有转机和重建价值的公司，根据一定程序进行重新整顿，使公司得以维持和复兴，从而走出困境的做法。

8. 债务重组。债务重组是指债务人发生财务困难时，债权人按照其与债务人达成的协议做出让步的事项。这种让步是根据双方自愿达成的协议做出的，让步的结果是债权人发生债务重组损失，债务人获得债务重组收益。

9. 公司清算。公司清算是指公司宣告终止后，为结束债权、债务关系和其他各种法律关系，对公司财产、债权、债务进行清查并收取债权、清偿债务和分配剩余财产的行为。

10. 司法清算。司法清算又称破产清算，是企业因不能清偿到期债务，人民法院依据债务人或债权人的申请宣告企业破产，并依照有关法律规定组织清算机构对企业进行破产清算。

二、单项选择题

1. C　2. C　3. B　4. D　5. A　6. D　7. B　8. A　9. A
10. D　11. A　12. A　13. C　14. A　15. C　16. C　17. D　18. B
19. C

三、多项选择题

1. ADE　2. AC　3. ABCE　4. ABCD　5. ABCDE
6. ABC　7. ABCDE　8. ABC　9. ABCE　10. ACDE

四、判断题

1. 正确　2. 正确　3. 正确　4. 错误　5. 错误
6. 正确　7. 正确　8. 错误　9. 错误　10. 错误

五、计算分析题

1. 解：该专有技术估价＝3 800÷23%＝16 521.7（元）

2. 解：

2 017—2021 年 L 企业的贡献股权现金流量分别为−6 000 万元（−4 000−2 000）、−500万元（2 000−2 500）、2 000 万元（6 000−4 000）、3 000 万元（8 000−5 000）、3 800万元（9 000−5 200）。

2022 年及其以后的贡献股权现金流量恒值为 2 400 万元（6 000−3 600）。

L 企业 2017—2021 年预计股权现金价值 $=\frac{-6\,000}{(1+6\%)}+\frac{-500}{(1+6\%)^2}+\frac{2\,000}{(1+6\%)^3}+\frac{3\,000}{(1+6\%)^4}+\frac{3\,800}{(1+6\%)^5}=792$（万元）

2022 年及其以后 L 企业预计股权现金价值 $=\frac{2\,400}{6\%\times(1+6\%)^5}=29\,880$（万元）

L 企业预计股权现金价值总额＝792+29 880＝30 672（万元）

3. 解：

B 公司近三年平均税前利润＝(2 200+2 300+2 400)/3＝2 300（万元）

B 公司近三年平均税后利润＝2 300×(1−25%)＝1 725（万元）

B 公司近三年平均每股收益 $=\frac{\text{税后利润}}{\text{普通股股数}}=1\,725/5\,000=0.345$（元/股）

B 公司每股价值＝每股收益×市盈率＝0. 345×15＝5. 175（元/股）

B 公司价值总额 = 5. 175×5 000 = 25 875（万元）

A 公司收购 B 公司 54%的股权，预计需要支付价款 = 25 875×54% = 13 972. 5（万元）

4. 解：

甲企业破产财产 = 100(现金、实物) +250(房地产 500-150-100) +70+30 = 450(万元)

甲企业破产债权 = 30(欠银行的 130-100) +100(乙企业) +200(丙企业) +300(丁企业)
= 630(万元)

破产清偿顺序如下：

（1）优先拨付破产费用 20 万元。

（2）清偿所欠职工工资及劳动保险费用 50 万元。

（3）清偿所欠国家税款 250 万元。

余额 = 450-20-50-250 = 130(万元)

偿还 B 银行 = 130×(30/630) = 6. 2(万元)

偿还乙企业 = 130×(100/630) = 20. 63(万元)

偿还丙企业 = 130×(200/630) = 41. 27(万元)

偿还丁企业 = 130×(300/630) = 61. 9(万元)

模拟试题（一）参考答案

一、单项选择题（每题1分，共10分）

题号	1	2	3	4	5	6	7	8	9	10
答案	C	B	B	B	B	A	C	C	B	D

二、多项选择题（每题2分，共20分。不选、少选、多选、错选均不得分）

题号	1	2	3	4	5
答案	ABCD	ACD	BD	BCD	AB
题号	6	7	8	9	10
答案	CD	BC	ABCD	ABCD	ABC

三、判断题（每题1分，共10分）

题号	1	2	3	4	5	6	7	8	9	10
答案	×	√	×	×	√	√	√	√	×	×

四、计算分析题（每题10分，共40分）

1. 解：

（1）长期债券资本成本＝6%×(1−33%)÷(1−2%)＝4.10%

长期债券比重＝500÷1 500＝1/3

（2）优先股资本成本＝8%÷(1−3%)＝8.25%

优先股比重＝200÷1 500＝2/15

（3）普通股资本成本＝(0.2÷4)÷(1−3.5%)+4%＝9.18%

普通股比重＝4×200÷1 500＝8/15

（4）加权平均资本成本＝4.10%×1/3+8.25%×2/15+9.18%×8/15＝7.36%

2. 解：

（1）发行债券后，债务年利息 $=1\ 000\times10\%+600\times12\%=100+72=172$（万元）

（2）增发普通股后，债务年利息 $=1\ 000\times10\%=100$（万元）

普通的股数 $=800+600\div5=920$（万股）

(3) $[(EBIT-172)\times(1-20\%)]\div800=[(EBIT-100)\times(1-20\%)]\div920$

$EBIT=652$(万元)

（4）由于预计实现的息税前利润（700万元）大于 $EBIT$（652万元），因此应选择债券筹资方案。

3. 解：

（1）甲项目年收益率的期望值 $=40\%\times0.3+20\%\times0.5+5\%\times0.2=23\%$

（2）甲项目年收益率的标准离差 $\approx12.49\%$

（3）甲项目年收益率的标准离差率 $=12.49\%\div23\%\approx0.54$

（4）乙项目年收益率的标准离差率 $=18\%\div25\%=0.72$

因为甲项目标准离差率（0.54）小于乙项目标准离差率（0.72），可以判定甲项目的风险较小。

4. 解：

（1）最佳经济订货批量 $=\sqrt{(2\times10\ 000\times1\ 000)\div20}=1\ 000$（条）

（2）最佳经济批次 $=10\ 000\div1\ 000=10$（次）

（3）最低存货相关成本 $=\sqrt{2\times10\ 000\times1\ 000\times20}=20\ 000$（元）

五、综合题（20分）

（1）固定资产年折旧额 $=(300-12)\div6=48$(万元)

（2）该项目年营业净利润 $=(125-25-48)\times(1-25\%)=39$(万元)

第一年至第五年每年年末净现金流量 $=39+48=87$（万元）

第六年年末净现金流量 $=87+12+50=149$（万元）

(3) 该项目净现值 $=87\times(P/A,10\%,6)+62\times(P/F,10\%,6)-350$

$=87\times4.355\ 3+62\times0.564\ 5-350\approx63.91$(万元)

因为净现值大于零，所以可评价该项目可行。

模拟试题（二）参考答案

一、单项选择题（每题 1 分，共 10 分）

题号	1	2	3	4	5	6	7	8	9	10
答案	C	D	D	D	B	C	C	A	B	D

二、多项选择题（每题 2 分，共 20 分。不选、少选、多选、错选均不得分）

题号	1	2	3	4	5
答案	BD	ABCD	ABD	BCD	ABCD
题号	6	7	8	9	10
答案	AB	CD	ABCD	ABC	ABCD

三、判断题（每题 1 分，共 10 分）

题号	1	2	3	4	5	6	7	8	9	10
答案	×	×	×	√	√	√	√	√	×	×

四、计算分析题（每题 10 分，共 40 分）

1. 解：

（1）债券资金成本＝[10%×(1−33%)]÷(1−2%)＝6.84%

（2）优先股资金成本＝12%÷(1−3%)＝12.37%

（3）普通股资金成本＝12%÷(1−5%)+4%＝16.63%

（4）综合资金成本＝(2 000÷5 000)×6.84%+(800÷5 000)×12.37%+(2 200÷5 000)×16.63%

＝12.03%

2. 解：

（1）该项设备的各年折旧额＝(200 000−8 000)÷5＝38 400(元)

（2）该投资方案的净现值=(50 000+38 400)×3.790 8+8 000×0.620 9-200 000

=140 073.92(元)

（3）该投资方案的现值指数=340 073.92÷200 000=1.7

（4）因为该投资方案的净现值（140 073.92 元）大于零，并且现值指数大于1，所以该方案可行。

3. 解:

（1）方案一每股税后净利润=[(200-400×10%-500×12%)×(1-33%)]÷100=0.67

方案二每股税后净利润=[(200-400×10%)×(1-33%)]÷(100+25)=0.86

（2）[(*EBIT* - 40 - 60) × (1 - 33%)] ÷ 100 = [(*EBIT* - 40) × (1 - 33%)] ÷ 125

EBIT = 227.8(万元)

（3）方案一: *DFL* =200÷(200-40-60)=2

方案二: *DFL* =200÷(200-40)=1.25

（4）方案二最优。理由是方案二每股税后净利润（0.86 元）大于方案一每股税后净利润（0.67 元）；而且方案二财务杠杆系数（1.25）小于方案一财务杠杆系数（2），即方案二收益高且风险小，所以为最佳方案。

4. 解:

2017 年 A 公司需要从外界追加资金量=(200 000-160 000)×[(100 000-18 000-12 000)÷160 000]-200 000×10%×(1-60%)-4 000=40 000×0.437 5-8 000-4 000

=17 500-8 000-4 000=5 500(元)

五、综合题（20 分）

（1）2016 年年末的流动比率=450÷218=2.06

2016 年年末的速动比率=(450-205)÷218=1.12

2016 年年末的产权比率=590÷720=0.82

2016 年年末的资产负债比率=(590÷1 310)×100%=45%

2016 年年末的权益乘数=1÷(1-45%)=1.82

（2）2016 年应收账款周转率=570÷[(135+150)÷2]=4(次)

2016 年固定资产周转率=1 014÷[(800+860)÷2]=1.22(次)

2016 年总资产周转率=1 014÷[(1 225+1 310)÷2]=0.8(次)

（3）2016 年销售净利率=(253.5÷1 014)×100%=25%

2016 年净资产收益率=25%×0.8×1.82=36.4%

或=253.5÷[(715+720)÷2]×100%=35.33%

2016 年资本保值增值率=720÷715=1.01

模拟试题（三）参考答案

一、单项选择题（每题1分，共10分）

题号	1	2	3	4	5	6	7	8	9	10
答案	D	B	B	A	A	C	A	D	D	C

二、多项选择题（每题2分，共20分。不选、少选、多选、错选均不得分）

题号	1	2	3	4	5
答案	ABD	ABC	CD	ABD	ABCD
题号	6	7	8	9	10
答案	CD	CD	ABCD	BCD	ABCD

三、判断题（每题1分，共10分）

题号	1	2	3	4	5	6	7	8	9	10
答案	×	×	×	√	×	√	×	×	√	×

四、计算分析题（每题10分，共40分）

1. 解：

A 方案加权平均资本成本 = 6%×(400÷5 000)+7%×(1 000÷5 000)+12%×(600÷5 000)+15%×(3 000÷5 000)= 0.48%+1.4%+1.44%+9% = 12.32%

B 方案加权平均资本成本 = 6.5%×(500÷5 000)+8%×(1 500÷5 000)+12%×(1 000÷5 000)+15%×(2 000÷5 000)= 0.65%+2.4%+2.4%+6% = 11.45%

C 方案加权平均资本成本 = 7%×(800÷5 000)+7.5%×(1 200÷5 000)+12%×(500÷5 000)+15%×(2 500÷5 000)= 1.12%+1.8%+1.2%+7.5% = 11.62%

因为 B 方案的加权平均资本成本最低，所以 B 方案的资本结构是最佳资本结构。

2. 解：

（1）增加的收益=(600 000−400 000)×(1−80%)=40 000(元)

（2）增加的成本=(600 000÷360×60×80%×20%+600 000×2%+3 000)−(400 000÷360×30×80%×20%+400 000×1%+2 000)=(16 000+12 000+3 000)−(5 333.33+4 000+2 000)=31 000−11 333.33=19 666.67(元)

因为收益的增加额（40 000 元）大于成本的增加额（19 666.67 元），所以该公司延长信用政策是可行的。

3. 解：

（1）2017 年需要增加的资金数额=[(800+700+1 500)−(800+600)]÷5 000×(6 000−5 000)=1 600÷5 000×1 000=320(万元)

（2）2012 年需要对外筹集的资金量=320−6 000×10%×(1−60%)=320−240=80(万元)

4. 解：

（1）今年销售量=10×(1+40%)=14(万件)

单位变动成本=100×60%=60(元)

今年息税前利润=14×(100−60)−150=410(万元)

（2）净利润=(410−50)×(1−25%)=270(万元)

（3）经营杠杆系数=10×(100−60)÷[10×(100−60)−150]=1.6

（4）财务杠杆系数=[10×(100−60)−150]÷[10×(100−60)−150−50]=1.25

（5）总杠杆系数=1.6×1.25=2

或总杠杆系数=[10×(100−60)]÷[10×(100−60)−150−50]=2

五、综合题（20 分）

（1）年折旧费=(750 000−30 000)÷5=144 000(元)

NCF_0=−(750 000+250 000)=−1 000 000(元)

$NCF_{1\sim4}$=(1 400 000−1 050 000−144 000)×(1−25%)+144 000=298 500(元)

NCF_5=(1 400 000−1 050 000−144 000)×(1−25%)+144 000+(250 000+30 000)=578 500(元)

净现值=298 500×(P/A,12%,5)+280 000×(P/F,12%,5)−1 000 000
=298 500×3.604 8+280 000×0.567 4−1 000 000
=234 904.8(元)

（2）净现值率=234 904.8÷1 000 000×100%=23.49%

（3）现值指数=1 234 904.8÷1 000 000=1.23

因为该投资项目的净现值（234 904.8 元）大于零，净现值率（23.49%）也大于零，现值指数（1.23）大于 1，所以该项目可行。